Si no lo buscas, lo encuentras

Introducción a la Meditación silenciosa

Paolo Scquizzato

Si no lo buscas, lo encuentras

Introducción
a la Meditación silenciosa

Paulinas

Las citas bíblicas están tomadas de *La Santa Biblia*,
San Pablo, Madrid 1988[19].

Los textos citados del magisterio de la Iglesia y documentos
pontificios están tomados de la página web oficial del Vaticano.

Título original: *Se non lo cerchi lo trovi. Introduzione alla Meditazione
silenziosa*
Traducido por: *Mª Jesús García González*

© PAULINAS 2024
Carril del Conde, 62 - 28043 Madrid
Tel.: 91 721 89 84 - Fax: 91 759 02 04
E-mail: editorial@paulinas.es
www.paulinas.es

PAOLINE Editoriale Libri
© FIGLIE DI SAN PAOLO - Milán

ISBN: 978-84-19408-29-7
Depósito Legal: M-4493-2024

Impreso por Gar.Vi. 28970 Humanes (Madrid)
Printed in Spain. Impreso en España

Para Pia

«Todos los males del hombre
tienen su origen en una sola cosa:
no saber permanecer tranquilos,
meditando, en una habitación»
Blaise Pascal

«El silencio es el espacio
en el que no se invoca ya a Dios,
porque está presente»
Giovanni Vannucci

Introducción

Ha llegado el momento de detenerse y saber quiénes somos. Ese sobrante que nos constituye como seres humanos exige que demos nombre a aquello por lo que merece la pena vivir.

Giuseppe Morotti, en su libro *El sufismo,* fruto de una experiencia de vida que seguía las huellas de Carlos de Foucauld, señala como la profunda crisis social y cultural que estamos atravesando, sobre todo antropológica, pero también de valores, provoca en nosotros

> una profunda sed de silencio, de escucha, de aliento contemplativo, de interioridad, de «desarme» de la razón, de necesidad de restablecer nuestra relación con el Misterio. Y todo ello requiere un paso lento, momentos de sosiego, de pérdida de tiempo, de gratuidad, de meditación, de oración, esenciales para la construcción del ser humano y el desarrollo de su ser relacional.

Hoy día, los hombres y mujeres de nuestro mundo occidental estamos como despertando de un sueño profundo; parece que nos estamos percatando de que, a fin de cuentas, lo más importante en esta vida es «no perder nuestra alma», por decirlo con palabras de Jesús de Nazaret: no traicionar nuestra humanidad, la fuente interior que irriga el ser, el auténtico yo. ¿De qué modo? Cuidando de ella, como en un jarrón de flores que hay que cambiar el agua con regularidad para evitar que se marchiten y mueran. Nos viene a la mente la fe serena, pero al mismo tiempo sólida, de Etty Hillesum: «Todo ocurre a un nivel más profundo que hay que aprender a escuchar. Es lo más importante que podemos aprender en esta vida».

Y lo cierto es que en momentos de crisis los sabios nos recuerdan que lo importante no es lo que acumulamos, el poder, el éxito, ni siquiera los vínculos más cercanos, sino tan solo una cosa: el cuidado de nuestro manantial interior. «¿De qué le vale al hombre ganar el mundo entero si pierde su vida?» (*Mc 8,36*).

El trabajo que sigue es una tentativa de mostrar un posible camino para no perder nuestra alma, una forma de regar nuestro ser, que, igual que una planta, necesita ser cuidado con constancia, para no marchitarse y morir por descuido, olvido u arrogancia. Y este intento se traduce en la práctica de la meditación, es decir, en la actividad de cuidar el propio «yo invisible», por usar un término que tanto gustaba al filósofo alemán Immanuel Kant.

Meditar es custodiar, y vence quien custodia. Venceremos al odio y a nuestra disgregación personal y la del mundo si aprendemos a cuidar de nuestro tesoro, de nuestro bien más valioso: nuestra alma, precisamente. El *Dhammapada* —texto canónico budista—

recuerda que «la victoria sobre uno mismo es la mayor victoria, y esto tiene mucho más valor que subyugar los demás».

Al meditar regresamos a casa, anhelamos nuestra naturaleza más profunda, la pasta de la que estamos hechos, más allá de nuestro pequeño ego y del yo psicológico.

Tat tvam sí (lo que eres) recuerda a la tradición hindú del *Chandogya Upanishad*[1]. Sí, yo soy «eso», soy la esencia, la naturaleza misma del todo. Y precisamente es la búsqueda del fundamento, de la fuente, lo que anhela Beda Griffiths en *Retorno al centro* cuando se pregunta:

> ¿Qué es el auténtico yo? ¿Cuál es el verdadero centro del ser humano? ¿Es el ego, que se hace independiente y pretende ser el señor del mundo? ¿O hay un «yo» más allá del ego, un centro más profundo que el ser personal, fundado sobre la verdad y que

---

[1] Del *Chandogya Upanishad,* importante texto de la filosofía vedanta, deriva el *mantra «Tat tvam asi»,* que significa, fundamentalmente, «lo que eres», entendiendo, por un lado, lo divino, el prójimo y la naturaleza y, por otro lado, nosotros mismos. De manera que somos un todo con Dios. Este texto engloba también tres máximas o aforismos, llamados *mahavakya,* es decir, *grandes dichos,* tres expresiones sánscritas que expresan el concepto de la identidad entre espíritu individual, *atman,* y espíritu universal, *brahman. Tat tvam asi,* «lo que eres», donde *Tat* es «lo inmenso, lo impronunciable, lo divino», mientras *tvam asi* significa «lo que eres». Al pronunciar estas palabras afirmamos que reconocemos y respetamos lo divino en cualquiera de sus formas, entidades o sensaciones en que se nos manifieste. *Aham brahmasmi,* «Yo soy brahman, lo divino»: aquí nos percatamos de que nosotros mismos somos divinos; *Ayam atma brahma,* «este yo es el *brahman»,* o también «Dios y yo somos uno».

es uno con el yo universal, con la ley del universo? Este es el gran descubrimiento del pensamiento hindú: el descubrimiento del yo, el *atman* del fundamento del ser personal, que es uno con el *brahman,* el fundamento del ser universal. No se alcanza este conocimiento a través del pensamiento; al contrario, se llega a él exclusivamente trascendiendo todo pensamiento. La razón, al igual que el ser que tiene la facultad de esta razón, debe trascenderse a sí misma. Mientras esté orientada hacia el mundo sensible, material, seguirá siendo defectuosa, incapaz de descubrir la verdad. Pero en el momento en que mire en su interior, en su propia fuente, y se reconozca en su propio fundamento por pura intuición, conocerá la verdad de su propio ser y del ser del mundo, y se convertirá en verdaderamente libre. «Conoceréis la verdad, y la verdad os hará libres» (*Jn 8,32*). En esto consiste la redención: en liberarse de la esclavitud de los sentidos y del mundo material y en descubrir que el fundamento y la fuente de todo lo que es reside en el yo, que es la palabra de Dios dentro de nosotros.

El propósito de este libro es muy sencillo: propone un itinerario de redescubrimiento del propio y auténtico yo, un retorno al centro, a la propia fuente interior, por medio de la práctica de la meditación. Un itinerario que conduce así a la verdad, a la experiencia del yo y del mundo sin el filtro de lo ilusorio y de los sueños, para experimentar, finalmente, la plena libertad y, por tanto, la realización del corazón.

PRIMERA PARTE

Historia de la meditación

I

La medicina del yo

Una aproximación a la meditación no puede prescindir de la etimología de la palabra. «Meditación» deriva del latín *meditor, meditari* (pensar, reflexionar), forma iterativa (o frecuentativa) del verbo *medeor, mederi*, que significa «cuidar, curar» y que está estrechamente vinculado al verbo griego *meletao,* que puede traducirse por «curarse de algo», pero también «reflexionar, meditar».

Es interesante observar cómo esta doble valencia del término griego original se refleja en las acepciones de los dos vocablos latinos. Y es también extraordinario que de ahí deriven campos semánticos diferentes: la mente y el pensamiento por un lado, la medicina por otro. Es casi como si quisiéramos decir, simbólicamente, que la práctica de la meditación desempeña una acción sanadora, que la meditación puede transformarnos en nuestro propio médico. La meditación es un médico que cura lo que se aleja de nuestro centro, porque rompe la lejanía, elimina lo que nos distancia de nosotros mismos y nos devuelve a nuestro centro. Purifica nuestro yo enfermo, nuestro ego.

Pero vayamos por etapas. Por lo general, los occidentales tendemos a creer que la práctica de la meditación es un fenómeno exclusivamente conocido por las tradiciones espirituales del Lejano Oriente, que hemos tomado prestada gracias al esfuerzo de quienes entraron en contacto con ella, la vivieron, supieron hacerla suya y quisieron luego transmitirla. Pero en realidad las cosas no fueron exactamente así. Si nos remontamos hasta los orígenes de la experiencia cristiana, podremos constatar que las raíces de la meditación también están en el camino cristiano: los Padres del desierto no solo se sirvieron de ella, sino que perfeccionaron sus técnicas y sus métodos.

2

El origen de la hesiquía

Evagrio Póntico

Hablar de los Padres del desierto significa entrar en el fascinante mundo de la hesiquía —literalmente, «calma», «paz», «tranquilidad»—, el estado de silencio y soledad necesarios para la experiencia espiritual.

Fue Evagrio Póntico, originario de esa región del norte de la actual Turquía llamada Ponto, quien divulgó la práctica ascética y contemplativa del hesicasmo[2].

Evagrio nació hacia el año 345 y era hijo de un corepíscopo, un sacerdote auxiliar del obispo de Ibora. Tuvo una vida extraordinaria y conoció personajes que fueron muy importantes para su formación, como san Gregorio Nacianceno, pero, sobre todo, hizo una importante contribución al desarrollo de la teología y al crecimiento de la espiritualidad, con una particular

---

[2] El hesicasmo puede definirse como un sistema espiritual cristiano de naturaleza contemplativa, extendido entre los monjes del Oriente cristiano desde el siglo IV, que busca la perfección humana en la unión con Dios por medio de la oración incesante. La forma paradigmática de la oración hesicasta es la Oración de Jesús, que consiste en la invocación letánica «Señor Jesucristo, Hijo del Dios vivo, ten piedad de mí, que soy pecador».

consideración al tema de la oración, de la que fue, sin duda, uno de los maestros más prestigiosos de toda la historia del cristianismo. El famoso aforismo, tantas veces citado «Si eres teólogo rezarás de verdad, y si rezas de verdad serás teólogo» es suyo. Según Evagrio, el teólogo es un contemplativo y no un estudioso de las cosas de y sobre Dios, como lo entendemos nosotros hoy. El teólogo es el que recibe del Espíritu Santo la gracia de estar en la presencia silenciosa del Señor.

Para Evagrio, la «oración pura» es una «oración caracterizada por el silencio de la mente, de la ausencia de casi toda representación mental, un desarrollo por parte del hombre para hacer espacio a otro». Pues bien, creo que nos encontramos ante la definición más elevada que podemos ofrecer sobre la «meditación»: una experiencia del corazón, donde la mente acaba por acallarse y se deja alcanzar por el totalmente otro. Continúa diciendo Evagrio en su *De oratione:* «Tu oración no podrá ser pura, verdadera, si te mezclas en asuntos materiales y te perturbas por continuas preocupaciones. Porque oración significa supresión de los pensamientos». No está diciendo que orar signifique ausencia de distracciones, sino mucho más que eso. la oración pura es remover (o, mejor aún, dejar aparte) los pensamientos, es decir, toda actividad de la mente. Este desplazamiento no ha de entenderse según el significado freudiano, sino como un desapego: no comentar los pensamientos, no dejarse involucrar, abriéndose así a una dimensión más amplia y por tanto, distinta.

De este modo Evagrio nos está llevando a ese concepto fundamental para la espiritualidad de todas las tradiciones que adopta el nombre de «vacío». El vacío no es únicamente ausencia, al contrario. «El vacío es un océano de energía donde todo se vuelve posible», explica Leonardo Boff, teólogo y escritor brasileño, en su libro *Sopla donde quiere*. El vacío es, pues, una plenitud de energía, pura potencialidad, para que lo posible pueda suceder.

Una mente vacía de pensamientos, de imágenes, de ideas preconcebidas, de prejuicios, de perspectivas, de expectativas, de deseos… es la mente de una persona que vive la experiencia de desapego y, gracias a ella, está dispuesto finalmente a dejarse alcanzar por lo que conviene que la alcance, y no por lo que espera que pueda alcanzarla. «En este proceso se trata de superar todas las representaciones mentales que dejan una impronta en la mente», resume Alex Bayer, monje benedictino de la Ermita de Camaldoli, «porque, si Dios es inmaterial y no tiene forma, como afirma Evagrio, ningún trazo, ninguna imagen, ninguna representación mental puede ser Dios».

Arsenio el Grande

Para comprender los diferentes aspectos de la hesiquía es útil remitirse a otro importante personaje, el abbá Arsenio, el padre de los anacoretas, los eremitas dedicados a la meditación.

Arsenio, llamado el Grande, nació en Roma hacia mediados del siglo IV en el seno de una noble familia senatorial. Discípulo de san Jerónimo y dotado con una gran sabiduría, sobre todo del griego, fue designado por el papa Dámaso como preceptor de Arcadio y Honorio, los hijos del emperador Teodosio el Grande. Así, en el año 383 Arsenio se desplaza hasta Constantinopla, donde permanece durante once años, en calidad de senador y primer consejero de Teodosio.

Respecto a su vocación al hesicasmo, se dice que

> abbá Arsenio, cuando todavía vivía en el palacio imperial, se dirigió a Dios orando con estas palabras: «Señor, muéstrame el camino que conduce a la salvación», y una voz se dirigió a él con estas palabras: «Arsenio, huye de los hombres y te salvarás». Entonces Arsenio, convertido ya en anacoreta, en su condición de eremita, se dirigió de nuevo a Dios con la misma oración: «Señor, muéstrame el camino que conduce a la salvación», y una voz le dijo: «Arsenio, huye del mundo, permanece en silencio, descansa en la paz».

Juan Clímaco

Otro personaje fundamental para el tema que estamos abordando es san Juan Clímaco, el más importante representante del monaquismo sinaítico, autor de la preciosa obra *La escala del paraíso*. Eremita durante más de cuarenta años, y luego hegúmeno en el monasterio de Santa Catalina del Sinaí (el monasterio del Roveto o de la Zarza ardiente), vivió probablemente entre los siglos VI y VII, pero sobre su vida no hay noticias certeras.

Su espiritualidad estuvo influida por otros grandes Padres del desierto: abbá Isaías, Barsanufio y Diadoco de Fótice. Juan Clímaco fue el primero en hablar de la hesiquía, recuperando la expresión que tanto gustaba a Evagrio: «Dejar a un lado las representaciones mentales». En la *Escala* escribe: «La hesiquía es la supresión de toda representación mental, y la renuncia a toda preocupación de la razón. La hesiquía es la quietud y, por tanto, la meta de la praxis, a la que están estrechamente vinculadas la oración, la impasibilidad, la *apatheia* y las tres virtudes teologales».

Su misticismo tuvo una fundamental repercusión en la espiritualidad posterior, también en lo que respecta al gran tema de la meditación. De hecho, él fue el primero en hablar de «oración fonológica», es decir, de una forma de oración meditativa que actúa a través de la repetición de una sola palabra o de una única fórmula. De esta experiencia de la repetición de un único término nacerá lo que posteriormente se conocerá como *Oración del corazón* u *Oración de Jesús,* el hesicasmo de la gran tradición oriental.

Para san Juan Clímaco, la repetición de una sola frase sirve para alejar cualquier pensamiento o distracción, dado que la concentración de la mente está orientada únicamente a esa fórmula. Pero no solo eso: la obra del hegúmeno es importante porque en la *Escala* encontramos las primeras alusiones a la importancia del cuerpo durante la oración: «Adoptemos pues una actitud adaptada a la oración, también exteriormente. Porque la mente de quienes aún son imperfectos suele conformarse a los movimientos exteriores». Y también en su obra podemos encontrar indicaciones a la importancia de la respiración: «El recuerdo de Jesús se hace un todo con tu respiración, y entonces conocerás la utilidad de la hesiquía», de la quietud.

Por tanto, el término «hesiquía» sugiere que el hesicasmo es una forma de espiritualidad eminentemente contemplativa, que tiende a la unión con Dios por medio de la repetición continua, en el corazón, de una breve fórmula de oración que se convierte en estable disposición interior.

3
Los principios de la hesiquía

Huye del mundo *(fuge),* permanece en silencio *(tace),* descansa en la paz *(quiesce):* este es el tríptico fundamental para todo camino espiritual y, con mayor razón, para la meditación, de cuyas raíces nace la posibilidad de no dispersarse y no dar vueltas en la vida espiritual. En estas tres breves palabras se expresa de manera extraordinariamente sintética y densa todo el camino espiritual del hesicasmo, que se caracteriza, precisamente, por la soledad, el silencio y la paz del corazón, que tan bien se adapta a la condición de quien medita. Me gustaría analizar estas tres admoniciones considerándolas como los tres paneles de un tríptico.

Fuge

La primera exhortación define la hesiquía como soledad. Es necesario huir porque donde nos encontramos nos asfixiamos. Hay situaciones en la vida en que la única posibilidad para salvarnos es huir. ¿Es un acto de cobardía? No lo creo. ¿Quién acusaría de cobardía a un ciervo porque se da a la fuga cuando siente que se acerca un cazador?

Por tanto, es mejor irse que quedar aplastado en el sitio en el que se está, huir de lo que puede hacernos daño.

De ahí, pues, la importancia del desierto: huye, vive la experiencia del desierto, porque en el desierto podrás por fin ser consciente de lo que realmente eres; el desierto es experiencia existencial.

Allí experimentas tu verdad y tu fragilidad; y en la fragilidad es donde encuentras lo esencial, la roca, el fundamento. Cuando todo se derrumba, queda lo que de verdad importa. Cuando vives la experiencia del desierto, te das cuenta de la verdad de las cosas, y estas recuperan su nombre original. Todo se vuelve más claro.

En nuestra cotidianidad vivimos cada día diferentes experiencias, pero a menudo tenemos la sensación de haber estado dando vueltas y nos preguntamos: «¿Qué he hecho hoy?». Creo que el momento de la meditación, con su silencio, es un instante de profundo y auténtico desierto, porque comenzamos a darnos cuenta de lo que somos, de lo que es verdadera y esencialmente fundamental en nuestra vida. Conocemos las raíces y comenzamos a descubrir la identidad originaria de las cosas. Y ahí empezamos a construir. Comenzaremos entonces a descubrir, sobre todo, nuestro verdadero nombre, nuestro verdadero yo. En un mundo que nos dice que valemos de acuerdo con nuestro nombre, con nuestros títulos, con nuestra posición social, en nuestro desierto, que es la meditación, descubrimos que en realidad somos «sinnombres», somos *Anam,* como le gustaba definirse a Tiziano Terzani, porque nuestro auténtico yo ha surgido por fin. Cuando consigamos definirnos como «sinnombres», entonces viviremos la experiencia de la salvación. En la cueva sin salida, Polifemo pregunta a Ulises: «¿Cómo te llamas?», y él responde: «Nadie», y así es como el héroe salva su vida. Cuando «no somos», es cuando somos, y cuando no nos definimos es cuando empezamos a ser. Pero el problema es que pensamos que nuestro carné de identidad es lo que nos va a salvar, a decirnos quiénes somos. Creemos «ser» en la medida en que nos elevamos cada vez más alto, edificamos y nos hacemos un nombre, tal como cuenta espléndidamente el mito de la torre de Babel (*Gén 11,1-9*).

El desapego del mundo significará, por tanto, afirmar nuestra propia libertad respecto de él, libertad de los rasgos que nos definen, de las identificaciones, ya sean físicas o psíquicas. Solo los libres pueden alejarse del puerto, aunque corran el riesgo de perderse. Pero en la vida, ya se sabe, la única manera de encontrarnos es precisamente perdernos.

Y es importante desapegarnos también de nuestras imágenes de Dios, de nuestros pensamientos sobre lo divino, de nuestras miles y miles de definiciones sobre él, porque basta con un pensamiento sobre Dios para hacerlo desaparecer, en el sentido de que lo transformamos banalmente en un objeto de nuestro conocimiento. Y un dios conocido, un dios objetivado, no es ya Dios, sino un ídolo. Y con un ídolo puedes hacer lo que quieras. Todas las religiones, en el fondo, hacen esto mismo: toman a su dios, que es un ídolo, y lo empuñan como un arma; lo blanden ante los demás diciendo: «El mío es más fuerte que el tuyo».

Es interesante observar que el gran mandamiento contenido en el Deuteronomio —«*Shemá,* Israel», «Escucha, Israel» (*Dt 6,3-4)*— no dice «haz, Israel», «obedece, Israel», «cree, Israel», sino «¡escucha!». Escuchar significa, ante todo, prestar atención en un silencio que se haga capaz de acogida. Escucha, acoge, calla.

Hesiquía como soledad no quiere decir únicamente huida del mundo, sino que indica una estabilidad en un determinado lugar solitario. Huir para aprender a estar. Es el antiguo principio de la *stabilitas,* madurado en el ámbito monástico. A veces la mejor manera de huir es quedarse allí donde se está, como un árbol que necesita permanecer en aquel terreno para poder crecer frondoso. Un árbol crece porque está ahí, durante décadas, durante siglos: si cada semana se lo moviese, inevitablemente moriría. Hay que encontrar un cierto *ubi consistam,* un firme punto de apoyo donde poder por fin echar raíces. No tenemos ya lugares donde poder habitar, a menudo vivimos «en otro sitio»; pero tenemos que huir de este nomadismo.

Somos esclavos de la enfermiza idea de vivir continuamente nuevas experiencias. Pensamos que las experiencias nos enriquecen, pero no es verdad. Nos enriquece más la calidad de la vida que vivimos, aunque esté hecha de pequeñas cosas. Las experiencias nos aturden. Es cierto que en ellas podemos encontrar mucha vitalidad, pero siguen sin ser vida. La espuma de las olas se disfraza de océano, pero el auténtico océano, el más hermoso, es el de las profundidades, el que está en el lecho marino, donde todo está tranquilo. Pablo d'Ors escribe en su *Biografía del silencio:*

> La celda es el lugar de la hesiquía [...]. Como los peces mueren si permanecen mucho tiempo fuera del agua, de la misma manera los monjes que se demoran fuera de la celda o se entretienen con seculares; se relaja la intensidad de su hesiquía. Es necesario que, como los peces del mar, nos apresuremos nosotros a ir a nuestra celda, para evitar que, por demorarnos en el exterior, olvidemos la custodia interior.

Por eso es importante dedicar cada mañana y cada noche unos minutos a la meditación: ese es nuestro momento de celda, es nuestro momento de océano. Nos convertimos en buceadores del Espíritu, descendemos hasta el lecho, viviendo la experiencia de los abismos. No nos dejemos engañar: la vida no se corresponde con la vitalidad. Dejemos la espuma del mar a los adolescentes. En la vida es necesario crecer.

Tace

El segundo principio al que debemos adaptarnos es el *tace,* la hesiquía vivida como silencio. El silencio que vivieron los Padres del desierto es un silencio de miles de nombres y miles de rostros, donde cada cosa ocupa su lugar; es un silencio precioso para el alma, que está en la parte de la trascendencia. Callamos para hacernos capaces de Dios. No debemos hacer silencio, sino volvernos silenciosos, que es otra cosa. El silencio está dado ya, está presente, está ahí, basta con quitarle las palabras, las imágenes, los pensamientos, los deseos, y callar, huir del caos exterior e interior. La historia de la espiritualidad se centra en el hecho de que solo las personas silenciosas pronuncian palabras sensatas. No es casualidad que para escuchar pronunciar palabras con sentido la gente acuda siempre a los monasterios, a los eremitorios, a los lugares de silencio.

La meditación es el momento en el que permito al silencio que hay en mí que me abrace y me transforme. El silencio es aquel que enseñan los Padres, es el silencio de los pensamientos. Los Padres afirman que reconocerse pecadores no significa rascarse las heridas, removiendo nuestro innoble pasado: es más bien reconocer las dificultad de estar en silencio ante la presencia de Dios y pedir la liberación de los recuerdos que nos impiden contemplarlo.

Hoy día es necesario, más que nunca, tejer un elogio al silencio, porque es gracias a él que puede haber un crecimiento espiritual de los hombres y mujeres. Tratemos de identificar los motivos.

El silencio es la condición por la que nuestro discurso tiene sentido. Es el vientre donde fecundar nuestras palabras. La palabra verdadera (en la acepción de fecunda) solo puede nacer del silencio, de un momento de quietud, de reflexión. Todo lo que no florece desde el interior, desde nuestro centro incandescente, es solo información de segunda mano, porque lo que procede de fuera ya se ha contado. Lo importante, lo que es único, habita en nosotros, y retirarnos dentro de nuestra paz interior es la condición para acceder a ello. Una palabra no fecundada por el silencio es pura palabrería, algo orientado tan solo a rellenar un vacío: en definitiva, un cotilleo. Se habla y se parlotea, pero en realidad estamos callados, no decimos nada. El filósofo Michele Federico Sciaccia dijo: «El silencio es la dignidad de la palabra».

Pero el silencio es el nuevo tabú de nuestra época, junto al de la muerte. Vivimos en un constante ruido de fondo. En los rarísimos momentos que podemos hacer silencio, por ejemplo en casa, ponemos música de fondo, o la televisión, no para verla, sino porque hace compañía. Lo importante es no estar solos con el silencio, percibido como presencia inquietante. Es la misma dinámica que se repite en los restaurantes, en las salas de espera, en las recepciones de los hoteles, en los ascensores, donde encontramos un constante telón de fondo para llenar el silencio. A esto se añade la reciente costumbre de aplaudir cuando sale el féretro del lugar de culto.

El XIV Informe del Observatorio europeo de riesgos (2022) definía estas últimas generaciones como «identidades en peligro de extinción». Para no extinguirnos debemos gritar que existimos. Y entonces el ruido es una acción de autoconservación, porque de lo contrario corremos el riesgo de pasar desapercibidos. Hacer ruido, a fin de cuentas, es señal de que existimos. Quien calla no otorga, sino que desaparece.

Quien hace silencio no existe. Si no tienes voz sobre algo, eres un perdedor. En el pasado el sabio era quien sabía guardar silencio y decía de esta manera una verdad. Séneca afirmaba: «De un gran hombre siempre hay algo que aprender, incluso cuando calla». Hoy, en la mentalidad actual, si una persona calla, no demuestra ser sabio, sino que se revela tan solo como una persona inútil e irrelevante. Sin embargo, debemos recuperar el valor de esa sabiduría.

El silencio es, además, necesario para escuchar. La falta de silencio nos ha hecho perder la capacidad de escucha. Oímos a los demás, pero no los escuchamos. Oímos la música, pero no la escuchamos. La falta de silencio ha confundido los términos «escuchar» y «oír». Lo oímos todo, pero no escuchamos ya nada. En la comunicación, quien recibe la palabra está en silencio, y no porque no tenga nada que decir, sino porque así hace espacio al otro. Así, hacer silencio es dar espacio al otro para que este revele su esencia, su presencia. De este modo el otro puede manifestarse por lo que es en su verdad, en su objetividad.

Permanecer en silencio ante el otro significa no juzgar. Dejar que el otro se muestre por lo que es. A propósito de esto es útil recordar que hemos de permanecer atentos, porque hay silencio y silencio. Además del silencio que acoge está el silencio sordo: el que no escucha porque ya sabe dónde quiere llegar el otro, porque ya tiene preparada una respuesta, su verdad, o porque no espera a que el otro termine de hablar porque quiere decir lo que tiene en su cabeza.

En definitiva, la cuestión de fondo creo que es lograr vivir el silencio como dimensión existencial. No se trata de no proferir palabra, sino de hacerse silencioso. Podemos ser silenciosos incluso en medio de un mercado.

Podemos estar presentes en el mundo y al mismo tiempo no estarlo, como nos enseñan los niños. A un niño absorto en su juego no le afecta nada; nada exterior puede tocarlo. Él está solo consigo mismo, en un absoluto silencio. Está presente y al mismo tiempo no presente. Presente y ausente al mismo tiempo. Para ese niño el tiempo de juego se ha convertido en eternidad. Así también para las personas silenciosas el tiempo se transforma en eternidad. Por tanto, la eternidad no es, como durante mucho tiempo supuso un determinado cristianismo, un tiempo dilatado e infinito, sino más bien un instante habitado. No tiene nada que ver con la distancia, sino con la profundidad. Los amantes saben bien que el tiempo, aunque sea breve, es un instante de eternidad. Dios habita en el instante, no en el tiempo. El instante en el que, en palabras del poeta William Blake, puede «verse un mundo en un grano de arena y un cielo en una flor silvestre, tener el infinito en la palma de la mano y la eternidad en una hora».

Quiesce

El tercer elemento de la fórmula creada por los hesicastas es *quiesce,* el esfuerzo por permanecer en la paz interior. De la hesiquía como soledad a la hesiquía como silencio, hasta llegar a la hesiquía en sí misma, el monje está llamado a pasar al silencio profundo, activo y creativo. No se trata de quietismo, sino de la búsqueda de la única quietud posible, que es la paz de Cristo, la paz exultante de Dios en el fondo del corazón. Es la auténtica hesiquía propia del último paso: la paz del corazón, *shalom* para los judíos.

El místico ruso san Serafín de Sarov dice: «Encuentra la paz del corazón y una multitud se salvará contigo». Creo que este pasaje es extraordinario. Todos estamos en relación, todos somos un haz de energía, en contacto mutuo. Silvano nos dice que si mi paz se apodera de mí, me abraza, yo genero paz a mi alrededor e incluso en los demás. Siempre me ha gustado la frase del gran Mahatma Gandhi: «Sé tú la transformación que quieres ver en el mundo». Crea la paz en ti y vivirás la paz en torno a ti.

Esta quietud, esta no necesidad de responder siempre a las expectativas de los demás, este permitirse el lujo de no juzgarse, de no comentar todo lo que ocurre, nace de aquello que los orientales denominan «abandonarse», liberarse de la influencia del ego, atenuar el deseo de triunfar a toda costa, permitirse no ser siempre adecuado. Entonces meditar significa decirse a sí mismo: «Puedo hacerlo sin vencer». Si comenzamos a vivir esta paz profunda, podremos también renunciar a buscar a Dios, y finalmente descubriremos la esencia del cristianismo, que consiste en dejarse encontrar por Dios. Dios nos busca. La cuestión de dejarse encontrar, como el ladrón en la cruz, es permitir que nos sea dado el paraíso, que no es un lugar que haya que conquistar, sino una condición que hay que acoger.

La hesiquía es, pues, supresión de los pensamientos, olvido de sí. Cuando la mente está pacificada, sosegada, y el pequeño *yo* desaparece, el *yo* se abre a la alteridad que la crea y la recrea. La pacificación de la mente es también pacificación de los deseos: aprendemos a conformarnos con lo que tenemos. Y no solo eso, sino que también aprendemos a prescindir: «Desea todo lo que tienes y tendrás todo lo que deseas», dice un antiguo proverbio. Este conformarse, este prescindir, nos libera de la tentación de compararnos siempre con los demás, y en última instancia nos libera del sufrimiento de carecer de algo.

Hay un conmovedor dicho en la tradición judía que dice que al final de los tiempos no se te preguntará por qué no te has convertido en Moisés o Elías, sino por qué no te has convertido en ti mismo, por qué no has llevado a su completa maduración tu humanidad, tu persona. Todos estamos llamados a llegar a ser individualmente lo que somos, no lo que otros desean que seamos. Una de las causas de la angustia y de la ansiedad es la percepción de la brecha que existe entre lo que somos de verdad y lo que nos gustaría ser: y morimos por este desnivel existencial. Ser lo que somos, no añadir nada, no quitar nada, aceptar nuestro propio *humus,* nuestra propia naturaleza terrenal, es la condición para que puedan nacer las flores. Esta es la paz: esta quietud es precisamente el *humus,* el terreno en el que podemos florecer por lo que somos y no por lo que los demás desean que lleguemos a ser. No debemos obedecer a nadie, solo hemos de obedecer a nuestra verdad profunda, llevar a cumplimiento ¡lo que somos nosotros!

En el profundo diálogo entre el gran patriarca ortodoxo Atenágoras y el escritor y teólogo francés Olivier Clément publicado en el volumen *Humanismo espiritual. Diálogo entre Oriente y Occidente,* Atenágoras nos confía un personalísimo testimonio de su victoria sobre el orgullo, sobre la codicia y sobre el miedo:

> La guerra más dura es la guerra contra uno mismo; hay que llegar a desarmarse. Yo he hecho esta guerra durante muchos años. Ha sido terrible, pero ahora estoy desarmado. Ya no tengo miedo a nada, porque el amor destruye el temor. Me he desarmado de la voluntad de tener siempre razón, de justificarme descalificando a los demás. Ya no estoy a la defensiva, celosamente aferrado a mis riquezas: acojo y comparto. No me aferro particularmente a mis ideas ni a mis proyectos: si me presentan otros mejores, o que no son mejores, sino buenos, los acepto sin lamentarme por ello. He renunciado a hacer comparaciones. Lo que es bueno, verdadero, real, para mí siempre es lo mejor. Por eso ya no tengo miedo: porque cuando no se tiene nada, no se tiene miedo. Si nos desarmamos, si nos desposeemos, nos abrimos al Dios hombre que hace nuevas todas las cosas, y entonces él elimina el pasado malvado y nos ofrece un tiempo nuevo en el que todo es de nuevo posible.

Por todo lo que hemos dicho hasta aquí, ha quedado claro que, a través de los Padres del desierto, los anacoretas, los eremitas, el concepto y la práctica de la meditación están fuertemente enraizados en la tradición cristiana. Vamos ahora a tratar de analizar los elementos que hacen que sea tan importante y fundamental en un recorrido espiritual que tenga como objetivo llevarnos a cumplimiento.

SEGUNDA PARTE

El arte de la meditación

I

El acto de no hacer

En la breve novela *Zen en el arte del tiro con arco,* el filósofo alemán Eugen Harrigel afirma que hay una modalidad del ser, precisamente un estado

> en el que no se piensa, no se propone, no se persigue, no se desea ni se espera ya nada concreto, [un estado] que no tiende hacia ninguna dirección particular, sino que, por su poder indivisible sabe ser capaz de lo posible y de lo imposible: a este estado completamente libre de toda intención, del yo, el maestro lo llama precisamente «espiritual».

Si están libres de toda intención, del apego al yo, quienes meditan, los hombres y mujeres espirituales, saben ser capaces tanto de lo posible como de lo imposible. Y así se libera el «verdadero arte» que Eugen Herrigel define como «sin objetivo, sin intención». Cuanto más nos «obstinemos en querer aprender a lanzar la flecha para que dé en el blanco», continúa, «menos conseguiremos una cosa y más nos alejaremos de la otra». El obstáculo es «una voluntad demasiado volitiva». Pensamos que lo que no hacemos nosotros no se lleva a cabo. Todos pensamos así. Si no lo hacemos nosotros, ¿cómo puede algo tener lugar? Si no trabajamos, si no nos esforzamos, ¿cómo es posible construir algo? Las ideas místicas reescritas por Osho en el volumen *Tantra. La suprema comprensión,* sobre el mundo del *tantra*[3], del maestro hindú Tipola, transmitidas en forma de canto a su discípulo Naropa, asumen hoy un significado que sigue siendo actual:

No tienes que hacer nada: lo divino ya te ha dado todo lo que se puede dar. No has venido al mundo como un mendigo, sino como un emperador. ¡Mira en tu interior! No vayas a ningún sitio, no desees, no pienses en el futuro, no pienses en el pasado, permanece aquí y ahora; y de pronto, ¡encontrarás la meta! Siempre ha estado ahí, ¡y sonríes! Cuando le preguntaron a Lin Chi qué fue lo primero que hizo cuando alcanzó la iluminación, respondió: «¿Qué podría haber hecho? Me reí, y pedí una taza de té. Me reí porque, ¿qué había hecho yo? Había buscado algo que ya estaba ahí». Todos los budas se rieron y pidieron una taza de té. ¿Qué otra cosa podrían haber hecho si no? La meta estaba ya allí. Estás corriendo inútilmente de un lado a otro hasta que en un determinado momento, cansado, vuelves a casa: ¡y una taza de té es precisamente lo que te apetece! La afanosa búsqueda genera humo que rodea la llama. Correr desesperadamente en círculos levanta polvo y el polvo oculta la meta. Tu esfuerzo levanta el polvo, genera humo, oculta la llama. Descansa un

---

[3] Los *Tantra* (Libros) son textos canónicos de la teología y filosofía hindú. Tratan de cinco grandes temas: creación y destrucción del mundo; culto a los dioses; obtención de fuerzas sobrenaturales; unión con el sumo espíritu.

poco, deja que el humo se disipe. Y si dejas de correr apresuradamente dejarás de levantar polvo. Poco a poco la confusión se atenúa y aparece la luz interior.

«No tienes que hacer nada». La meditación es el acto de no hacer. Paradójico en el sentido etimológico del término: contra la opinión común. Al meditar no hacemos, no producimos, no construimos. Ni siquiera nos dirigimos a un dios, ni para invocarlo, ni para darle gracias o alabarlo. No le pedimos dones, gracias, o curaciones, ni para nosotros mismos ni para otros. Al meditar, simplemente, «estamos», como las flores, como la montaña, arraigados en nuestro propio terreno interior. Independientemente de lo que ocurra alrededor. La meditación es el arte de permanecer. Con numerosos ejemplos Antonia Tronti, en ...*Y permaneciendo déjate transformar,* conjuga la exhortación evangélica de «permanecer», es decir, el principio de la estabilidad, con el imperativo del movimiento que contempla el hecho de no tener «dónde reposar la cabeza» (*Mt 8,20*). Estamos arraigados en el todo, como

un permanecer en nosotros mismos que es gratuito, que es simplemente el don de la existencia. Nos corresponde a nosotros la tarea de aceptarlo, de ser conscientes de él y no obstruir su flujo. La tarea de no volvernos hostiles a la vida que hay en nosotros. De no desapegarnos de nuestro origen. De no creernos autosuficientes. De no cerrarnos. De no vivir por nosotros mismos, sino dependiendo de un Ser vivificante. De reconocer que nuestro aliento pertenece a un

Soplo más amplio, que el Espíritu vive en nosotros y que no vivimos sin él. No vivimos si no es a partir de él. No vivimos si no es en él. No vivimos si Él no está en nosotros.

Permaneciendo en el todo, volviéndome cada vez más consciente, poco a poco me percibo como un fluir y un emerger de este todo, la matriz mía y de todo el universo. La meditación es la experiencia del surgir de la sustancia con la que hemos sido amasados: la divinidad.

«La gracia no requiere esfuerzo», recuerda Simone Weil haciéndose eco del maestro chino Lao Tsé: «El sabio, sin actuar, realiza su obra». La meditación crea ese vacío que, después de haber eliminado el obstáculo de una voluntad demasiado volitiva, se convierte en el espacio donde todo puede llevarse a cabo. Liberarse del deseo de conseguir un objetivo a toda costa, de ver realizados a la fuerza los propios proyectos, de obtener lo que esperábamos, es la *conditio sine qua non* para que algo pueda afianzarse. Este abandonar puede considerarse como una muerte, pero en el fondo Jesús nos ha dicho que quien pierda su vida la salvará (cf. *Mc 8,35*).

El vacío es vientre fecundo de posibilidades. Hacer morada en el vacío significa «rendirse», para poder luego asombrarse de la existencia de una creatividad independientemente de la obra realizada.

2

La espera

En el silencio meditativo me pongo en actitud de libre y desnuda espera, no de lo que espero o deseo, sino de lo que ha de realizarse. Han de quedar atrás todas las demás ocupaciones, todas las demás expectativas, y permanecer y estar totalmente orientados a lo que debe, quiere y puede suceder. Todo lo que se me pide a mí es un completo desapego, una completa liberación de todo lo que no tiene que ver con este acontecer, dejando «el pensamiento disponible, vacío y permeable al objeto», como sugiere Simone Weil. Que añade: «Una mirada atenta, en la que el alma se vacía de contenido propio para recibir» esa realidad que solo así se ve «en su verdadero aspecto».

Esta especie de atención implica una honestidad intelectual en virtud de la cual buscamos la verdad tal como es, y no tal como sirve a nuestros intereses, más o menos nobles. La espera-atención supone, así, el fin de toda expectativa, prejuicio y libertad de toda opinión y, en el caso concreto de lo divino, el fin de toda imaginación que llene el vacío. No esperar nada más que lo inesperado, porque, como escribe Christian Bobin en *El elogio de la nada,* la espera es una flor sencilla. Crece en el margen del tiempo. Es una flor desnuda que cura todos los males. El tiempo de espera es un tiempo de liberación que actúa en nosotros sin que nosotros lo sepamos. Solo nos pide que la dejemos hacer, el tiempo que necesite, las noches que precise. Nuestra espera se satisface siempre por sorpresa. Como si lo que esperáramos fuese siempre inesperado. Como si la verdadera fórmula de esperar fuese la siguiente: no prever nada salvo lo imprevisible. No esperar nada salvo lo inesperado.

Es evidente que el acto de meditar no es sino hacer espacio a lo divino que hay en nosotros, espacio que deja libre el pequeño ego. «Donde ya no estoy yo, está Dios», le gustaba decir a la mística Catalina de Siena. Es lo que Simone Weil en su *A la espera de Dios* define como «espera sin objeto».

Mientras esperemos lo que creemos conocer, solo nos alcanzarán fantasmas. La espera ha de estar vacía, gratuita, no dictada por la exigencia, por el deseo, sino abierta y receptora de lo que quiere alcanzar en mi ausencia: la vida. Espera de lo imprevisible. Lo posible, lo que se da por descontado, el *déjà-vu* —como recuerda el filósofo francés Jacques Derrida— no alberga ningún misterio. No hay sorpresa en lo que consideramos posible. Las imágenes convencionales, las cosas habituales, son previsibles, y, por tanto, en definitiva, se dan por descontadas: no aportan nunca lo inesperado. Para que un acontecimiento pueda darse, es necesario hacer experiencia de lo imposible, es necesaria «la llegada de lo imposible», como sigue diciendo Derrida, citado por Massimo Recalcati en *El misterio de las cosas*. Sin este acontecer, sin el impacto con lo imposible, no tendremos nunca la visión de lo nuevo ni tendremos la posibilidad de lo posible, sino solo de la repetición.

Vivimos en un contexto cultural, social y religioso en el que todo parece repetición, reiteración, tedio, en definitiva. Por eso sería necesario que el acontecimiento se anunciara como imposible. La meditación, preanunciada y preparada por el silencio, es precisamente el instante en el que esta imposibilidad puede darse.

3

El silencio

Hemos visto ya que el silencio es uno de los principios fundamentales de la meditación; ahora vamos a explicar algunos aspectos concretos. El silencio es la *conditio sine qua non* de que la práctica de la meditación tenga un sentido: es mucho más que el simple hacer silencio o callar. Es ser silencioso, un objetivo que podemos lograr comenzando con la supresión de todo tipo de contenido de nuestra mente y con apaciguar las distracciones, los pensamientos, las imágenes, las palabras.

El silencio es atención desnuda a la realidad, actitud mental que permite el desapego frente a las miles de fuentes de confusión y agitación en la que nos vemos inmersos habitualmente y con las que solemos identificarnos: los compromisos diarios, las preocupaciones, los recuerdos del pasado, el miedo al presente, los planes para el futuro, la angustia, los deseos, las expectativas y la oración. Por último, después de haber abandonado todo punto de apoyo y perdido todo respaldo, descansamos en la nada pura, y por tanto en la divinidad.

«Cuando el hombre descansa en sí mismo como en la nada, no está limitado por nada y carece de límites, y Dios derrama su gloria en él», afirma Martin Buber en *El camino del hombre.* Si entramos en esta oración silenciosa, el Absoluto, que reside en lo más íntimo de nosotros mismos, se revelará en todo su esplendor porque dejará ya de estar oculto en nuestras ideas preconcebidas, en los innumerables nombres con los que lo hemos saturado. Lo cierto es que los nombres de Dios —toda la tradición mística coincide en afirmarlo—, más que revelar a Dios, lo esconden. Como nos enseña la sabiduría del islam, él está más allá de los noventa y nueve nombres que le atribuimos y con los que lo identificamos. El «centésimo nombre de Dios» permanece oculto, impronunciable, inaccesible. Él es todo lo completamente otro. Es necesario reducir al silencio todo aspecto racional, de lo contrario los conceptos que surjan no harán más que transformar la experiencia de la divinidad en un pensamiento de la divinidad; pero pensar lo divino no significa experimentarlo, sino más bien ratificar su fin.

Remitiéndonos al padre Giovanni Vannucci, en su *Invitación a la oración,* podemos afirmar que

> el silencio es ese espacio en el que lo divino ya no se invoca, sino que está presente. Buscar el silencio significa crear en nosotros un espacio en el que podamos ver la realidad no deformada por esquemas, y donde podemos ser, desarrollarnos, crecer. El silencio no se consigue imponiéndonos disciplinas, sino estando totalmente atentos a las cosas del presente, al instante vivido. El silencio no consiste en la ausencia de sonidos y de voces, sino en valorar

la capacidad de escucharlos, de reconocerlos. En el silencio vemos nuestras luces, nuestras sombras, nuestras virtudes, nuestras malas cualidades. El silencio nos deja desnudos. Desnudos y expuestos, sin protección. Pero en esta absoluta desnudez, en esta total entrega a las fuerzas del universo, descubrimos nuestro verdadero nombre, el nombre que Dios ha pronunciado, que conecta nuestra finitud con el infinito, el germen divino en el que nuestra precariedad encuentra un sentido. Jesús nació en el silencio de una cueva, por la noche. En el silencio. La presencia de Dios, el misterio de su nacimiento en nosotros no puede tener lugar en el caos, abrumados por el ruido.

Y las consecuencias aquí son verdaderamente de infarto: la tradición mística dice que solo hay una posibilidad de vivir la experiencia de lo divino, es decir, la de convertirse en el mismo divino. Dejando que el silencio se expanda por todas nuestras fibras nos percatamos de que somos manifestaciones de la misma divinidad de la que hemos conseguido tener experiencia.

Si hemos silenciado el uso de la razón, entonces podemos también renunciar a plantearnos los grandes interrogantes de la existencia y, por tanto, a esperar respuestas que seguirían siendo necesariamente fruto de la racionalidad. Comprender que la vida no es una importante cuestión que necesite respuestas, sino una experiencia que hay que vivir en su totalidad, puede ser una gran liberación. Aprender a guardar silencio significará permitir que la vida siga su curso, sin la constante necesidad de interferir en ella, sin imponer nuestra propia voluntad, sino tan solo queriendo lo que la vida quiere. El silencio, como sabemos, precisa mucho tiempo para establecerse, precisamente igual que el amor. La semilla en la tierra requiere el silencio del invierno, donde todo parece muerte y desolación, pero en realidad genera vida.

Me pregunto qué ha pasado con el silencio en la práctica religiosa, y en algunas realidades de la Iglesia de hoy. Estamos continuamente inmerso en una gran cantidad de palabras, de conversaciones; generamos torrentes de documentos, declaraciones, exhortaciones; prestamos mucha atención a cuántas personas han participado en las reuniones, en los encuentros, creyendo que un número elevado de participantes está confirmando su éxito, para después darnos cuenta de que el único gran ausente es precisamente la presencia que —tal como nos ha enseñado la sabiduría antigua— no está en el trueno ni en la tempestad, sino en el susurro de un viento suave (cf. *1Re 19,9-13*).

Hacernos silenciosos significa aprender poco a poco a silenciar nuestras numerosas identificaciones, a desprendernos de los atributos con los que nos reconocemos. Silenciar las convicciones de ser lo que nuestro carné de identidad dice que somos. Y la tradición nos recuerda que en este silencio, una vez que se ha derrumbado todo lo que creíamos ser, emergerá por fin quienes somos en realidad, nuestra verdadera identidad, el auténtico yo que estaba oculto tras nuestras infinitas definiciones.

4

La escucha

Camino adelante, llegó Jesús a una aldea; y una mujer, de nombre Marta, lo recibió en su casa. Marta tenía una hermana llamada María, la cual, sentada a los pies del Señor, escuchaba sus palabras. Marta, que andaba afanosa en los muchos quehaceres, se paró y dijo: «Señor, ¿te parece bien que mi hermana me deje sola con las faenas? Dile que me ayude». El Señor le contestó: «Marta, Marta, tú te preocupas y te apuras por muchas cosas, y solo es necesaria una. María ha escogido la parte mejor, y nadie se la quitará» (*Lc 10,38-42*).

Este famoso episodio, narrado por Lucas, dice algo importante respecto a la necesidad de dedicarse al propio centro una vez que lo hemos identificado, a la única cosa destinada a permanecer, porque la alternativa es ilusionarse pensando que lo que cuenta es en realidad solo lo efímero, lo precario, el humo. Es evidente que, en este pasaje, María y Marta son, fundamentalmente, dos figuras simbólicas, dos maneras de estar en el mundo, dos posturas existenciales.

María podría definirse como lo que queda después de que el ser humano quede purificado del yo. María es Marta convertida, es decir, finalmente liberada de todos esos despojos que le impedían entrar en contacto con la única cosa necesaria, destinada a permanecer para siempre, que no puede ser arrebatada. María es, finalmente, la vida que ya no está vinculada al yo, al me gusta/no me gusta, al debería ser, al estaría bien si, al se debería hacer, al deberías evitar. En definitiva, María es el ser que ha dejado de comentar la realidad con los ojos del yo, última estación de quien ha abandonado el apego al ego: ha llegado así por fin a la escucha, al permanecer, a la quietud. Por eso ha llegado a identificarse con lo más importante de nuestra vida, lo único necesario, sin lo cual todo lo demás se derrumba: nuestro verdadero yo, ese *unum necessarium* que ni siquiera la muerte nos puede arrebatar, porque no tiene origen ni fin. María ha superado también la tentación de hacer cosas buenas y santas; porque se pueden hacer cosas admirables, como distribuir todos los bienes y entregar el cuerpo para que sea golpeado (cf. *1Cor 13,3*), pero estar aún bajo la guía del yo. La acción fecunda, aquella acción admirable, surgirá siempre del ser, de la fuente interior, de la fuente purificada del ego. Solo cuando renunciemos a nuestra propia vida podrán brotar de nosotros acciones auténticamente verdaderas, es decir, fecundas.

Lo que Jesús recrimina a Marta es que esté dispersa, que no esté atenta, que viva en un engaño, que haya confundido cuál es la prioridad. Que viva, en definitiva, en una especie de distracción que hace pareja con la confusión: porque mientras está haciendo el bien sigue encontrando aún la manera de comentar lo que los demás hacen o dejan de hacer, viven o dejan de vivir. Marta vive en un juicio constante de sí misma, de los demás, de la realidad. ¿El antídoto? Volver al centro, a la fuente, a esa luz «que ilumina a todo hombre» (*Jn 1,9*).

Por tanto, depende de nosotros la fuerza que hemos de imprimir a nuestra actividad, a nuestro día a día, a nuestra vida: la fuerza centrífuga, que nos impulsa hacia lo externo y, por tanto, hacia la dispersión, haciendo que perdamos el contacto con nuestra realidad esencial e induciéndonos a vivir dispersos, distraídos, aferrándonos a cualquier cosa —en particular al poder, al tener y al éxito— para mantenernos a flote; o aquella fuerza centrípeta, hacia el centro en el que estamos inmersos en nuestra propia fuente de luz. «Sumerge tu mente únicamente en mí; concentra en mí tu percepción discriminatoria; y más allá de toda duda habitarás eternamente en mí», sugiere el *Bhagavad Gita* (XII, 8).

¿Qué ocurre si aprendemos a morar allí, en la postura asumida por María, que —recordemos— no es un momento, sino un estado de vida, es decir, el ser humano curado de las distracciones del yo? Dice la *Regla* de san Benito: «Todo puede ser una epifanía, pues Dios se manifiesta en todas las cosas, incluso en los instrumentos cotidianos». En palabras de Jesús: «Dichosos los limpios de corazón, porque ellos verán a Dios» (*Mt 5,8*). Estar en contacto con la fuente, en nuestro yo verdadero, no cambia la realidad, pero nos lleva a verla habitada, como una epifanía de Dios.

La cuestión, por tanto, no es separar el actuar del estar, sino llegar a comprender que del estar nace toda acción. La pregunta de fondo es con qué corazón, actitud, actuamos en el mundo. Jesús nos invita a hacerlo con corazón puro, Buda «habiendo superado toda duda», es decir, libres de las redes del yo y de lo mío. Raffaella Arrobbio, en su *Diálogo entre Jesús y Buda,* se detiene precisamente en esta unión:

> Quien al final de la batalla interior ha renunciado a ese yo personal al que tanto apego tenía, a esa visión engañosa según la cual el mundo estaba ahí para disfrutar de sus placeres sin preocuparse de nada más, a esa visión egocéntrica de una relación con el mundo en el que se declara la guerra a todo el que se interponga a nuestros deseos de satisfacción egocéntrica: quien renuncia a todo esto alcanza la dimensión pura, no condicionada por el apego y el rechazo, en la que verá a Dios en cada persona y en todo el universo, en la que se materializará la realidad más allá de todos los opuestos.

Mientras sigamos viviendo fuera del centro, viviremos en la preocupación. «La preocupación transgrede la condición del presente, pretende anticipar la oscuridad espectral del futuro, saca a su víctima de la realidad y se apodera de ella por medio del engaño», dice Pablo d'Ors en su *Biografía de la luz.* La tradición zen tiene un pasaje muy significativo sobre este tema: «En primavera centenares de flores; en otoño una luna de cosecha; en verano una brisa fresca; en invierno te acompaña la nieve. Si no tienes la cabeza repleta de cosas inútiles, todas las estaciones tienen algo bueno para ti». Las cosas inútiles son todas las cosas que han sido examinadas por el yo y el mío. Del es útil para mí, al me perjudica, al es bueno/es malo, es justo/es injusto. Liberar la mente de estos esquemas sacará a la luz el tesoro oculto, el *unum necessarium,* y seremos capaces de disfrutar la vida en su plenitud, sin comentarios, con el corazón puro. Y entonces podrá llegar la tempestad, pero la casa permanecerá firme porque está construida sobre roca.

5

El vacío

«Hay que permanecer algún tiempo sin recompensa, natural o sobrenatural», afirma Simone Weil en *La sombra y la gracia*. Esta es la *conditio sine qua non* para que pueda ocurrir algo. Esto no significa suprimir el deseo, sino más bien desear sin aspiraciones, sin expectativas. Vivir una espera vacía de finalidad, cumplir el acto de desear sin el objeto del deseo, sabiendo que, en el momento que vivamos este vacío, podremos por fin alcanzar algo que tendrá el gusto de lo imposible.

«Es necesario hacerse una representación del mundo en el que haya un vacío, para que el mundo tenga necesidad de Dios», especifica Simone Weil. Y añade:

> Amar la verdad significa soportar el vacío y, por tanto, aceptar la muerte. La verdad está de parte de la muerte. El hombre escapa a las leyes de este mundo solo durante un momento. Instantes de pausa, de contemplación, de intuición pura, de vacío mental, de aceptación del vacío moral. Estos instantes son los que nos hacen capaces de lo sobrenatural. Quien soporta un momento el vacío, o recibe el pan sobrenatural o cae. Es un riesgo terrible, pero es

necesario correrlo; e incluso, momentáneamente, sin esperanza. Pero no hay que precipitarse en él […] En mi paso a ser nada, Dios se ama a sí mismo en este vacío. Ama el vacío. El apego a las cosas me hace ver las cosas, y a mí misma, de una manera determinada. De una manera distorsionada. Ilusoria.

Alcanzar el vacío y, por consiguiente, dejarse habitar por la divinidad, significa atravesar la noche y las noches que san Juan de la Cruz, uno de los grandes místicos de la tradición cristiana, describió en su *Subida del Monte Carmelo,* experiencia espiritual convertida en obra fundamental del pensamiento cristiano, en la que el místico indica las etapas que van alcanzándose para «tenerlo todo»:

Para venir a gustarlo todo, no quieras tener gusto en nada; para venir a saberlo todo, no quieras saber algo en nada: para venir a poseerlo todo, no quieras poseer algo en nada: para venir a serlo todo, no quieras ser algo en nada. Para venir a lo que no gustas, has de ir por donde no gustas; para venir a lo que no sabes, has de ir por donde no sabes; para venir a poseer lo que no posees, has de ir por donde no posees; para venir a lo que no eres, has de ir por donde no eres. Cuando reparas en algo, dejas de arrojarte al todo; para venir del todo al todo, has de dejarte del todo en todo; y cuando lo vengas del todo a tener, has de tenerlo sin nada querer. En esta desnudez halla el espíritu su descanso, porque, no codiciando nada, nada le fatiga hacia arriba y nada le oprime hacia abajo, porque está en el centro de su humildad. Porque, cuando algo codicia, en eso mismo se fatiga.

En su famosa novela *Siddharta,* Hermann Hesse describe así el intenso deseo del vacío del protagonista: «Una meta se proponía Siddharta: convertirse en vacío, vacío de sed, vacío de deseos, vacío de sueños, vacío de alegría y de dolor. Morir a sí mismo, no ser ya él, encontrar la paz del corazón vaciado, en la despersonalización del pensamiento permanecer abierto al milagro; este era su objetivo».

6

El desapego

Estrechamente relacionado con la noción de vacío está el concepto de desapego, un tema fundamental en la tradición mística e importante para todo camino de meditación que quiera emprenderse.

Para ahondar en este aspecto, en primer lugar hemos de darnos cuenta de que vivimos en un gran engaño. Creemos que la existencia que estamos viviendo es auténtica, pero no es así, y de esta falsa convicción derivan nuestras frustraciones, nuestros miedos, nuestros apegos. Somos seres atemorizados que, durante la noche, ante el umbral de la casa, vemos al ladrón que tanto temíamos. Al verle, nos bloqueamos, nos asustamos, salimos huyendo. Para después descubrir, a la luz del sol, que aquel criminal era nuestro perchero.

Lo real es una ilusión porque lo entendemos siempre a través del filtro de nuestros contenidos: prejuicios, ideas preconcebidas, deseos y expectativas. El filtro de nuestro yo psicológico, en definitiva, o de nuestras personalísimas «imágenes», por decirlo con palabras del Maestro Eckhart, filósofo y teólogo alemán que se cuenta entre los más importantes representantes del movimiento místico renano que floreció en la Baja Edad media (siglos XIII-XIV). Pensamos que la realidad y lo divino coinciden con nuestro pensamiento, con nuestra historia, con nuestro carácter, con nuestro yo psicológico. Pero lo real es lo que permanece cuando no hay ya un yo que piensa en ella o que se identifica con ella. La verdadera vida es lo que permanece cuando dejamos de pensar en ella.

Por tanto, ¿cómo poder alcanzar y disfrutar de la realidad *sic et simpliciter,* cómo percatarnos de nuestra verdadera estatura, cómo estar ante la realidad sin el velo de la inautenticidad? ¿Cómo disfrutar por fin de nuestro auténtico yo o, si lo preferimos, del divino que nos habita y descansa en el centro de nosotros mismos, sin las supraestructuras dictadas por nuestro ego?

Las grandes tradiciones místicas y espirituales recuerdan que la única manera de disfrutar de ello es vivir lo que se denomina «desapego», un término que podríamos definir, con las palabras del *Léxico místico* de Giovanni Vannini, como

> acto moral e intelectual al mismo tiempo con el que se suprime el deseo y, paralelamente, se analiza el contenido que hay tras él, quitando lo que es superficial y yendo hacia lo esencial, tal como ha de quitarse el mármol que recubre una escultura para que esta aparezca, o como se debe retirar la tierra que recubre una fuente para que la fuente pueda manar de nuevo.

La imagen de la estatua remite a Plotino, que en las *Enéadas* (I, 6, 9) dice lo siguiente:

Vuelve a ti mismo, haz lo mismo que hace el escultor de una estatua que debe ser bella. El escultor quita, rasca, alisa, pule, hasta que del mármol aparece la bella imagen: como él, retira lo superfluo, endereza lo que está inclinado, limpia lo que está oscuro para hacer que brille, y no dejes de esculpir tu propia estatua, hasta que el resplandor divino de la virtud se manifieste y veas la templanza sentada sobre un trono sagrado. Aunque permanezcas aquí abajo, ya habrás ascendido, y no necesitarás a nadie que te guíe.

Y Etty Hillesum, en su *Diario,* sitúa a Dios en la parte más profunda de sí misma:

Dentro de mí hay un pozo muy profundo. Y Dios está en ese pozo. A veces puedo alcanzarlo, pero más a menudo lo cubren piedras y arena: entonces Dios está sepultado. Y hay que volver a desenterrarlo. Me imagino que algunas personas rezan con la mirada vuelta hacia el cielo: esas personas buscan a Dios fuera de sí mismas. Hay otras personas que agachan la cabeza y la esconden entre sus manos, creo que ellas buscan a Dios dentro de sí.

Quitar, hacer hueco, liberar el propio mundo interior de los escombros del yo para que pueda emerger lo esencial. Deberíamos ser conscientes de que hay una especie de velo que nos impide comprender, experimentar, disfrutar de la realidad auténtica dentro y fuera de nosotros. Como un bloque de mármol que oculta una estatua, un cúmulo de piedras que obstruyen el manantial, un humo denso que esconde el fuego, la esencia, lo divino que está en el centro.

Probemos a decirlo de otro modo: el desapego es la acción que niega el valor de nuestro propio contenido, de nuestras imágenes, de nuestros exacerbados deseos. Por medio del desapego, lo accidental, lo personal, lo subjetivo se retira y al mismo tiempo va emergiendo lo esencial.

Pero ¿cómo actuar adecuadamente? Tratando de no cultivar pensamientos, de no aferrarse a nuestras propias imágenes, a los comentarios que hacemos, a nuestros contenidos psicológicos. Dejemos fluir la vida tal como la vida quiere suceder, sin anticiparla siempre con nuestras expectativas y nuestros prejuicios. La vida sucede, y es espléndida, perfecta, tal como es. No es necesario ajustarla.

El desapego constituye la «finalidad de todo querer y de todo saber», de todo proyecto o relación, y deja, así, espacio al verdadero ser, al emerger de lo esencial, a la divinidad, afirma Maestro Ekchart en el sermón *Beati pauperes spiritu* (Dichosos los pobres en el espíritu).

He utilizado el término «emerger», y no «alcanzar desde fuera». Porque lo esencial, dice el Maestro Eckhart en el *Sermón 14,* está ya en nuestro interior, al igual que la estatua está ya dentro del bloque de mármol:

> Lo que estaba arriba, se convirtió en interno. Tú has de interiorizarte [y eso] por ti mismo en ti mismo para que Él more dentro de ti. No [ha de ser] que tomemos algo de aquello que está por encima de nosotros, debemos tomarlo en nuestro fuero íntimo y debemos tomarlo de nosotros en nosotros.

Si vivimos el desapego él, o ello, nos consolidará, emergiendo desde nuestra más profunda intimidad, dado que es en cierto modo algo casi obligado: no podemos prescindir de ello. Sigamos escuchando al Maestro Eckhart:

> Al mismo tiempo hablo del hombre que se ha aniquilado a sí mismo, en Dios y en todas las criaturas. Este hombre ha tomado el lugar más bajo, y Dios debe derramarse en él completamente – de lo contrario no es Dios [...]. En todo hombre que se desprende hasta el fondo, Dios debe derramarse por completo, según todo su poder, sin reservarse nada para sí, ni en su vida, ni en su ser, ni en su naturaleza, ni siquiera en su plena divinidad. Todo esto Dios debe derramarlo fecundamente en el hombre que se ha abandonado a Dios y ha ocupado el lugar más bajo.

Imaginemos un perfume. Si se abre en un lugar cerrado, ocupará, necesariamente —no puede evitarlo— todo el espacio vacío que encuentre, impregnando hasta el más mínimo resquicio. Es una ley de la física. Así actúa la divinidad cuando encuentra el espacio vacío que ha creado en nosotros el desapego. Parafraseando a Aristóteles cuando afirma: *Natura abhorret a vacuo,* «la naturaleza rechaza el vacío», podríamos decir que «Dios aborrece el vacío» y por eso, cuando encuentra la nada en nosotros debe necesariamente llenarla.

En el *Tratado sobre el desasimiento,* el Maestro Eckhart utiliza el término «obligar» para describir la entrada de Dios en el hombre y la mujer:

Cuando un hombre renuncia a sí mismo por obediencia y sale de sí mismo, Dios está obligado a entrar en él, porque si este hombre no quisiera nada para sí mismo, es necesario que Dios quiera para él de la misma manera que para sí mismo.

Hasta aquí he querido subrayar que la práctica meditativa tiene sus particularidades: ser silenciosa, abstenerse del uso de imágenes y palabras, en la constante búsqueda de no cultivar pensamientos; esta es la mejor manera de alcanzar el desapego sobre todo de uno mismo y, en consecuencia, de lo que llamamos Dios. En el *Tratado sobre el desasimiento,* ya citado, el Maestro Eckhart puede iluminar el camino que estamos tratando de recorrer:

De ti mismo debes empezar a liberarte. Si no huyes primero de tu propio yo, adondequiera que huyas encontrarás estorbos y discordia, sea donde fuere. La gente que busca la paz en las cosas exteriores, sea en lugares o en modos o en personas o en obras, o en el extranjero o en la pobreza o en la humillación, por grandes que sean o lo que sean, todo esto no es nada, y no da la paz. Quienes buscan así, lo hacen en forma completamente equivocada: cuanto más lejos vayan, tanto menos encontrarán lo que buscan.

[…]

Elogio al desasimiento […] porque lo mejor que hay en el amor es el hecho de que me obligue a amar a Dios, el desasimiento, empero, obliga a Dios a amarme a mí […]. Cualquier cosa gusta de estar en su lugar propio y natural. Ahora bien, el lugar propio y natural de Dios lo constituyen la unidad y la pureza que provienen del desasimiento. Por lo tanto, Dios debe entregarse, Él mismo, necesariamente a un corazón desasido.

[...]

Ahora preguntarás acaso: ¿Qué es el desasimiento ya que es tan noble en sí mismo? A este respecto debes saber que el verdadero desasimiento consiste en el hecho de que el espíritu se halle tan inmóvil frente a todo cuanto le suceda, ya sean cosas agradables o penosas, honores, oprobios y difamaciones, como es inmóvil una montaña de plomo ante [el soplo de] un viento leve. Este desasimiento inmóvil lleva al hombre a la mayor semejanza con Dios.

Si nos desapegamos de todo, como recuerda la tradición mística, emergerá la verdadera esencia del hombre y de la mujer, que no es ni el cuerpo ni la mente, sino el fundamento que no conoce transformación, la parte mejor de la historia, Dios mismo, «la sustancia del alma», como diría san Juan de la Cruz.

Así se llegará a lo que la mística indica como dicha, que no es simple experiencia del placer o mera felicidad. La dicha o bienaventuranza es un estado de sosiego, de paz, que no depende de factores externos, que se mantiene siempre, aunque todo lo demás se agite, y por eso ya no se tiene miedo a nada. La vida puede tener acontecimientos trágicos, pero sabemos que en lo más profundo del ser humano hay un centro, el *Logos,* lo divino, un inalienable fondo del alma que está anclado, estabilidad, gran dicha, precisamente, que ni la experiencia más negativa puede verificar.

Con la religión hemos intentado crear, edificar, construir, para poder, de algún modo, relacionarnos con la divinidad. Pero hemos conseguido el efecto contrario: hemos eclipsado a la divinidad. En realidad, para hacer experiencia de ella, se necesita más bien un acto de deconstrucción: hay que hacer espacio, sustraer y, sobre todo, ahondar en el no-saber de Dios.

El primer libro de la Biblia recuerda que Dios «creó» el sábado, es decir el día vacío de actividad humana; está prohibido todo trabajo. La sabiduría judía se dio cuenta de lo necesario que era para el hombre y la mujer vivir, al menos un día a la semana, una dimensión de vacío, absteniéndose de toda actividad, del tráfico, de la construcción, para dejarse alcanzar por fin.

La vida se nos da por lo que recibimos, no tanto por lo que producimos. Si pensamos en el aire que respiramos, en el agua que bebemos, en el amor que nos salva: no producimos nada, lo acogemos todo y nos realizamos.

También la sabiduría judía habla de la obligación de circuncidar a todos los hijos varones. A los ochos días, el bebé judío es circuncidado, y este corte de la piel, la extirpación del prepucio, le permite entrar en la alianza, en el abrazo de la divinidad. Es como decir que la vida proviene del vacío. Esta falta de piel, ahora indeleble, este vacío, le recordará durante toda su vida al hombre, por una parte, que está incompleto y, por otra, la necesidad que tiene de dejarse alcanzar por lo que es esencial. La circuncisión es un perpetuo recuerdo de que el vacío, la falta, es posibilidad de unirse en una relación y realizarse en ella.

Si es cierto, como recuerda la mística, que la divinidad yace en el fondo del alma, y si nuestro pequeño yo, nuestro ego, deja de estar anclado a algo exterior —expectativas, deseos, posición social, títulos—, entonces el ser humano caerá inevitablemente como la manzana de Newton. ¿Dónde? En la divinidad. Como la savia y el agua, la divinidad saturará todo lo que está vacío.

Donde y cuando te encuentre preparado, es decir, vacío,
debe obrar y derramarse en ti,
precisamente como el sol no puede evitar derramarse,
y nada puede retenerlo, cuando el aire
es límpido y puro.

Maestro Eckhart

7

La ecuanimidad

Tengo la obligación de aclarar, en este punto, que el desapego así entendido no debe llevarnos a creer que todo se vuelve indiferente; esta actitud no significa indiferencia hacia el sufrimiento, la pobreza, el dolor de los demás. Podríamos hablar más bien de igualdad, la que experimenta el alma humana ante todas las cosas[4].

En Oriente todo ello se conoce con el término «ecuanimidad», sobre el que se detuvo Christina Feldam, cofundadora del centro de meditación Gaia House, durante un encuentro que se celebró en Roma el 28 de enero de 2006:

> La ecuanimidad se describe a veces como una espaciosa tranquilidad de la mente, una calma resplandeciente o un equilibrio interior. Pero este sólido equilibrio no es algo lejano o distante de la vida, sino que se desarrolla dentro de nuestra disponibilidad y capacidad para afrontar todos los momentos de la

---

[4] A propósito de esto hay un sermón de Master Eckhart sobre «el amor de Dios hacia nosotros» *(In hoc apparuit caritas dei in nobis),* recogido en los *Sermones alemanes,* que expresa muy lúcidamente, y al mismo tiempo con gran dureza, este discurso.

vida con el mismo respeto, compasión y sensibilidad. Para salir al encuentro de todos los momentos de nuestra vida con el mismo respeto, hemos de renunciar a estar a favor o en contra de algo, renunciar al descarte y a la persecución, a la búsqueda y al rechazo. En la tradición tibetana, la ecuanimidad se describe como algo igualmente cercano a todas las cosas, como un precursor de la compasión, uno de sus aspectos esenciales. Para saber qué significa permanecer tranquilo y abierto en medio del sufrimiento, tenemos que renunciar, en cierto modo, a nuestras ideas sobre lo que está bien y lo que está mal, sobre lo que debemos o no debemos hacer, para poder escuchar sin miedo el dolor y el sufrimiento.

No desees el deseo. Desear es un bien, cierto, pero la tradición espiritual nos ha enseñado siempre a no aferrarnos a lo que deseamos. Si conseguimos lo que deseamos, bien, y si no, bien también. Liberarse de las «cosas inútiles» es, para Christina Feldam, el camino para dejar espacio a la ecuanimidad:

La ecuanimidad no es la ausencia de sensaciones, sino más bien la presencia de equilibrio en el mundo de las sensaciones […]. Si tu mente no está empañada por los pensamientos inútiles, esta es la estación más hermosa de tu vida. Las cosas inútiles son nuestras posiciones a favor o en contra de algo, los apegos y las aversiones, los miedos y las expectativas. Las cosas inútiles son las definiciones inmutables del yo, sin las cuales nuestra ecuanimidad sería rica y profunda.

Eugen Herrigel, en su obra *Zen en el arte del tiro con arco,* escribe:

> Por los malos golpes [el alumno] no debe irritarse. Aprende también a no alegrarse de los buenos. Debe librarse de la oscilación del placer y el desagrado. Debe aprender a mantenerse por encima de ello con desapego e indiferencia y, por tanto, alegrarse como si otra persona, y no él, lo hubiera hecho bien. También en esto debe ejercitarse incansablemente. No se imagina lo importante que es.

Estas palabras hacen eco de dos pasajes extraídos de un texto fundamental de la tradición hindú, el *Bhagavad Gita* (III, 37-39), comentados por Bede Griffits en *Río de compasión:*

> La codicia, el deseo y la ira, que nacen de la pasión, son el sumo mal, la mayor destrucción, el enemigo del alma. Todo está eclipsado por el deseo: como el fuego queda envuelto por el humo, como un espejo queda envuelto por el polvo, como un feto está envuelto por el útero, así el conocimiento está cubierto por el deseo. Es el deseo, difícil de satisfacer, capaz de asumir infinitas formas de placer —este enemigo del sabio siempre al acecho— y ocultar el conocimiento.

> El hombre que actúa sin apego, abandonando todo deseo, desprendido de su propio ego, sin orgullo, sin vanidad, no se aferra ya a lo ilusorio, sino que alcanza la dicha divina del espíritu.

La meditación no se aferra a nada, ni en la tierra ni en el cielo. No se sirve de oraciones, no invoca a un Dios para que escuche algún deseo ni para darle gloria o para que esté atento a sus necesidades. Es una oración capaz de prescindir incluso de Dios. Al dejar libre a Dios, le permitimos que se entregue por fin a nosotros. «Si no lo buscas, lo encuentras», podríamos decir en sintonía con toda la mística de las grandes tradiciones espirituales. Si dejamos de buscarle, se dejará encontrar, porque habrá cesado por fin el ímpetu de buscar, de querer comprender, de alcanzar y retener; en definitiva, habrá cesado el gesto de considerarlo un objeto, un ente entre los entes; Dios es «un ente solo para los pecadores», recuerda el Maestro Eckhart. No puede ser tratado como una persona, un individuo, y esto implica el hecho de que hay que comenzar a desapegarse de hacer las cosas por amor a Dios y hacerlas únicamente por el bien, por la alegría, por la interioridad, por la santidad, por el reino de Dios. Las tradiciones espirituales recuerdan también que si hacemos algo «por algo» estamos aún en una forma de apego y Dios no podrá emerger de nosotros. Él no es la respuesta a nuestras peticiones, ni la satisfacción de nuestros deseos, subraya el Maestro Eckhart en sus *Sermones alemanes*:

> Mientras hagas tus obras por la voluntad de Dios, por el bien, por el honor, por la vida tranquila, por la alegría, por la interioridad, por la santidad, por la recompensa o por el reino de los cielos, tu templo es un mercado ruidoso, lleno de mercaderes y de clientes, que desean hacer con el Dios eterno su negocio egoísta. Pero él no está en casa de estos comerciantes,

sino que duerme en el templo, pues el alma tiene huéspedes extraños y ruidosos.

Él es Dios de lo eterno. Tú, en cambio, con tus obras complacientes, estás atado al tiempo y al espacio, al propósito y a la intencionalidad, igual que el fruto del matrimonio, que, atado por el tiempo, necesita nueve meses para madurar

Miras con tu propio yo el modo de tu obrar, y buscas y deseas algo con ella: a ti mismo y tu recompensa. Pretendes buscar a Dios, pero en realidad haces de Dios una vela, con la que buscas otra cosa, y cuando la has encontrado, tiras la vela. Rebajas a Dios al papel de una vaca lechera, que el hombre cuida en su propio beneficio, para obtener leche y queso. Haces como los que, cuando les conviene, alaban a Dios y confían en él, como algunos que dicen: «Tengo diez celemines de grano y otro tanto de vino este año, ¡confío firmemente en Dios!». Es verdad que tienes una gran fe, digo yo, pero en el grano y en el vino. Negocias con tu Dios, das y haces para que te devuelva el ciento por uno, pero este dar debe llamarse más bien pedir.

Mientras hagas tus obras por movimientos exteriores, por el reino de los cielos o por Dios o por tu bienaventuranza, no te estarás comportando rectamente. Porque quien cree que encuentra más a Dios en la interioridad, en la devoción, en el dulce arrobamiento más que junto a la lumbre o en el establo, actúa como si tomara a Dios, le envolviera la cabeza con un manto y lo arrojara bajo un banco.

«Ruego a Dios que me libre de Dios», repetía el Maestro Eckhart al final de su vida. Vivir el desapego de Dios significa, pues, considerarlo como puro nada, es decir, ni esto ni aquello. Él es, simplemente, «Yo soy el que soy», la respuesta que Dios dio a Moisés en el desierto del Sinaí. Él es Espíritu, privado de determinaciones como la verdad, la bondad, la misericordia, la omnipotencia... El Maestro Eckhart habla sobre el *Deus nudus*. Pero hay que estar atentos: decir «Dios es nada» es una contradicción de conceptos. Porque no es un atributo referido a Dios, de lo contrario sería una cosa, sino que más bien se refiere a nosotros: no es nada porque para el ser humano es incognoscible e inconcebible, a pesar de cualquier atributo que podamos atribuirle. En el sermón *Beati pauperes spiritu,* Eckhart no deja lugar a dudas sobre la identidad del pobre, es decir, del que «nada quiere, nada sabe y nada tiene»:

> Es un hombre pobre el que nada quiere, nada sabe y nada tiene. a) No quiere nada: mientras el hombre tenga todavía en su interior el deseo de cumplir la dulcísima voluntad divina, no tendrá aún la pobreza de la que hablamos. Porque todavía tiene dentro de sí un deseo, con el que quiere cumplir la voluntad de Dios, y esto no es verdadera pobreza. Para que el hombre sea verdaderamente pobre, debe estar tan desprovisto de propia voluntad, como cuando no existía. Os lo digo en la eterna verdad: mientras tengáis el deseo de cumplir la voluntad de Dios y tengáis deseo de eternidad y de Dios, seguiréis sin ser pobres; porque el verdadero pobre es únicamente

el que nada quiere y nada desea. b) Nada sabe: el hombre debe vivir de tal manera que no viva ni para sí mismo, ni para la verdad, ni para Dios. Pero debemos añadir: el hombre que debe tener esta pobreza, debe vivir de tal manera que ni siquiera sepa que no vive ni para sí mismo, ni para la verdad, ni para Dios. Debe estar tan vacío de todo conocimiento que ni sepa, ni conozca, ni sienta que Dios vive en él. Más aún, debe estar privado de todo conocimiento que vive en él. c) Nada tiene: el hombre debe ser tan pobre que no tenga, ni sea, ningún lugar donde Dios pueda obrar. Mientras el hombre mantenga un lugar, mantendrá también una diferencia.

Por eso ruego a Dios que me libre de Dios, porque mi ser esencial está por encima de Dios, en el sentido de que concebimos a Dios como principio de las criaturas. En ese ser de Dios en el que él está por encima de todo ser y de toda diferencia, allí estuve yo, me quise y me conocí para crear este hombre que soy. Por eso yo soy la causa original de mi ser, que es eterno, y no según mi devenir, que es temporal.

8

Una experiencia mística

Según el monje alemán Willigis Jäger, el místico no usa la oración en forma de diálogo con la divinidad, no habla con Dios, porque, al rechazar toda posible dualidad, sabe que lo que cuenta no es tanto la conversación entre los amantes, sino el momento de la unión amorosa: ser uno con el todo del amado. Dialogar con un dios sería como si el individuo, perdido en el abrazo amoroso con su amante, le escribiese al mismo tiempo una carta de amor.

En la meditación las palabras cesan, tan solo se disfruta de la unión, que no hay que provocar, sino que es algo de lo que hacerse consciente: yo soy ya quien quiero ser. «Tú eres aquel que estás buscando», nos recuerda la tradición zen, y esta nueva dimensión aparece descrita en la obra de Jäger *La eterna sabiduría*:

> Existe para el místico una nueva dimensión, la del no-saber, la del vacío, que está más allá de la actividad del yo. Quien se mueve a estos niveles más profundos y amplios de la consciencia recibe respuestas completamente nuevas y desarrolla un nuevo entendimiento de la vida. Moverse a niveles más profundos significa experimentar lo que de verdad

somos: atemporales, una sola cosa con el fondo originario del ser. Solo entonces podremos responder a los interrogantes sobre la vida y la muerte.

Jäger enfatiza que todos los místicos reclaman la atención sobre el hecho de que llega un momento en que la reflexión sobre Dios y, por tanto, también todo ejercicio de devoción religiosa, deben abandonarse si se quiere continuar por el camino de la contemplación. Y en este sentido se remite, en *La esencia de la vida,* al místico y teólogo Juan Taulero, que vivió en el siglo XIV:

> Si no has alcanzado este fondo no lo alcanzarás con ninguna forma de actuación exterior. ¡No te esfuerces en vano! Una vez que hayas vencido a tu hombre exterior, entra en tu interioridad, entra en ti mismo y busca este fondo: no lo encontrarás en las cosas externas, ni en manuales ni en proyectos…

A quien medita le ocurre algo: se le revela su auténtica naturaleza divina, su verdadero yo, su verdadera pasta, el material del que está hecho. Pero hay que prestar atención: esta revelación, este despertar, no es el resultado de una búsqueda. En la meditación no se busca nada, porque no hay nada que buscar. Es lo divino en sí mismo lo que germina y adquiere forma, además de consciencia, a través de nosotros. No somos nosotros quienes han de ponerse a buscar a Dios, sino que es más bien Dios quien «busca», despertándose en nosotros. «Y nosotros no podemos "hacer" nada, tan solo podemos aflojar el control para que lo divino pueda brotar en nosotros», concluye

Jäger. Lo único que podemos hacer es dejarlo en paz. Nuestro verdadero yo, nuestra auténtica naturaleza, emergerá en nosotros si no la entorpecemos. Y entonces ya no seremos nosotros los que viven, no vivirá ya nuestro pequeño yo centrado en el ego, sino que será él, el Dios vivo, quien se expanda en nosotros; como dijo san Pablo: «Ya no vivo yo, pues es Cristo quien vive en mí» (*Gál 2,20*). Una vez que despierte en nosotros nuestra auténtica naturaleza divina, toda dualidad desaparecerá. Y finalmente viviremos la experiencia de ser uno en el Uno, una sola cosa con todo, tal como vivieron los místicos de Oriente y Occidente y se describe en los Upanishads: «Quien venera a una divinidad pensando que es diferente a sí mismo: "Dios es Dios y yo soy yo", no sabe. Para los dioses él es como un animal».

Mucha gente sencilla
imagina a Dios allí y no aquí.
Pero no es así: Dios y yo somos una sola cosa.
Maestro Eckhart

9

Una experiencia práctica

Comencemos con una afirmación de sentido común: con frecuencia la solución más sencilla es también la más eficaz. Probablemente, cuando pensamos en la meditación, imaginamos algo complejo. En la Biblia se narra un episodio muy interesante que quizá explique mejor lo que pretendemos decir aquí:

> Naamán fue con sus caballos y su carro y se detuvo ante la puerta de la casa de Eliseo. Pero Eliseo le mandó a decir: «Anda, báñate siete veces en el Jordán y tu cuerpo quedará limpio». Naamán se enfadó y se fue diciendo: «Yo pensaba que saldría a recibirme, que invocaría el nombre del Señor, su Dios, que me tocaría con su mano y así sanaría de mi lepra. ¿No son acaso el Abana y el Farfar, los ríos de Damasco, mejores que todas las aguas de Israel? ¿No me podría bañar en ellos y quedar limpio? Dio media vuelta y se fue muy indignado. Pero sus criados se le acercaron y le dijeron: «Padre nuestro, si el profeta te hubiera mandado una cosa difícil, ¿no la habrías hecho? ¡Cuánto más habiéndote dicho: Lávate y quedarás limpio!». Entonces bajó, se bañó siete veces en el Jordán, como había dicho el hombre de

Dios, y su cuerpo quedó limpio como el de un niño (*2Re 5,9-14*).

A veces pensamos que lo que es complicado es también eficaz. La meditación es deliciosa e increíblemente simple. Porque ¿qué hay más simple que una práctica que se limita a exigir la inmovilidad del cuerpo, la ausencia de oración y la repetición de una única palabra? Simple, no fácil. Efectivamente puede resultar difícil permanecer quieto, evitar levantarse cuando da la impresión de que no pasa el tiempo, acallar los pensamientos o al menos arrinconarlos, controlarlos cuando parecen monos alocados saltando de una rama a otra.

Así, podemos comenzar con algunas indicaciones prácticas para vivir la meditación sin tener otro propósito más que dejar que todo se pierda: descubriremos que nuestra vida se va transformando gradualmente y que los frutos del Espíritu se acrecientan en nosotros.

En primer lugar, meditamos permaneciendo inmóviles. Lo primero que hemos de hacer es sentarnos, sin movernos, con la espalda recta, porque la meditación implica a toda la persona: cuerpo, mente y espíritu. Debemos permanecer alerta y conscientes. En esta postura nuestra mente pasa de un pensamiento a otro: no nos desanimemos. Necesitamos meditar para calmar nuestra mente y luego llevar la mente al corazón.

Meditar es aprender a estar en el momento presente, porque es el único en el que podemos encontrar la paz, volver al centro de nuestro ser y estar unidos a Dios. No conseguiremos hacerlo nosotros solos. Cuando meditemos, permitamos que nuestra oración sea una sola cosa con la oración del Espíritu Santo. Durante el tiempo de la meditación, escojamos una sola palabra, una palabra-oración, o *mantra,* y repitámosla de principio a fin en nuestro momento de meditación: con confianza, con atención, con amor. Utilizar siempre la misma palabra permite que arraigue en nuestro corazón. La palabra que se aconseja es *maranatha,* la más antigua oración cristiana: «Ven, Señor». Cuando nos distraigamos, volvamos de nuevo a repetir la palabra. Las distracciones son normales: no tenemos ni que luchar contra ellas ni que prestarles atención. Vamos a meditar dos veces al día, por la mañana y por la noche, durante unos veinticinco minutos.

10

Enraizamiento en el aquí y ahora

Con la meditación aprendemos a estar. Estamos arraigados en la tierra, firmes y flexibles como árboles y, sobre todo, proyectados hacia arriba. Aprendemos a estar con nuestro cuerpo, con toda nuestra humanidad, con nuestro peso, porque la meditación no es un mero acto intelectual, sino experiencia de nuestro ser corpóreo. Meditamos corpóreamente, no con un cuerpo.

En la tradición cristiana la oración se reduce a una experiencia mental: *«Elevatio mentis ad Deum»*, como decía san Buenaventura o —como recoge el número 2559 del *Catecismo de la Iglesia católica*— «la elevación del alma a Dios o la petición a Dios de bienes convenientes», una definición que se refiere a cuanto afirma san Juan Damasceno en *Expositio fidei*, III, 24.

La meditación es la oración que renuncia a trepar al cielo de Dios, que rechaza la práctica de pedir algo a una divinidad considerada como dispensadora de bienes que de otro modo sería imposible conseguir, que no invoca a un Dios para satisfacer un deseo ni para darle gloria o para que esté atento a nuestras necesidades particulares.

La meditación es un acto místico, es decir, la experiencia de lo divino, de lo que es expresión, el disfrute de una meta que nunca se ha perseguido porque siempre ha estado ahí. La meditación no es un asunto de la cabeza, del pensamiento. Solo si somos verdaderamente humanos, somos verdaderamente espirituales. El cuerpo que somos es un mapa, un recorrido que se nos ha dado para ser transparencia de la trascendencia: «El que me ve a mí, ve al que me ha enviado» (*Jn 12,45*). Chandra Livia Candiani escribió que nuestro cuerpo, el cuerpo de cada uno de nosotros, «es roca para vadear el río, no piedra de tropiezo», es posibilidad, no impedimento. La meditación es, en definitiva, estar con la propia respiración, alma de esta piedra de vadear que es el cuerpo. La respiración es principio vital, y por tanto divino, que nos habita desde que venimos al mundo; nos ayuda a regresar a casa, a lo más profundo de nosotros, allí donde estamos habitados por la chispa divina. La respiración es puro estupor porque nadie nos lo puede dar, es don, soplo divino que nos ha transformado de muñecos de barro en seres vivientes, según el gran mito del Génesis. Es una «energía de estar en el mundo», reitera Chandra Livia Candiani en su *El silencio es algo vivo,* que se manifiesta cuando

> el dolor se vuelve anónimo, y sus causas contingentes, por graves que sean, son solo el nombre y la forma que adopta en ese momento una energía mucho más antigua, que es la energía de estar en el mundo, de sentirse separado y percibir el anhelo y la llamada de la unidad. Todo deseo contiene este

anhelo radical, regresar a las estrellas, dejar de estar en la lejanía. Estar en contacto con la fuente del deseo, con nuestra constante carencia, es la esencia de la meditación. Estar en la fuente es dejar de desear, porque habitamos el deseo, somos deseo ya sin objeto, y la transformación comienza cuando nos aceptamos a nosotros mismos, nuestra incompletitud, nuestra carencia y nuestra inclinación, tratando de no mejorar, de no cambiar, esperando, aguardando la transformación que llegará cuando el momento de detenerse esté maduro.

11

Una práctica inútil

La meditación es una práctica que puede parecer inútil, porque quedarse media hora o una hora sin moverse y en silencio puede percibirse como una insensatez, como algo infructuoso, aunque en realidad, para quien mira con los ojos del corazón, quien medita está cambiando el mundo. Comenzando por el mundo interior.

La meditación es transformadora, y nos abre a la dicha. No porque suprima mágicamente lo que nos hace infelices, o porque cambie las situaciones que estamos llamados a vivir. Meditar es concedernos la posibilidad de habitar, como mujeres y hombres conscientes, los lugares de la vida cotidiana, del dolor, del sufrimiento, y adquirir así una perspectiva totalmente nueva de la realidad; para aceptar lo que acontece en cada momento, conscientes de que todo puede aceptarse como una posibilidad de evolución. La meditación se convierte, así, en ocasión de habitar el momento presente sin tener que destruir nada, de vivir lo que hemos de vivir sin remordimientos esteriles ni ensoñaciones ilusorias.

La práctica meditativa nos modela, así, poco a poco, interiormente, a la acogida agradecida de todo lo que hay y acontece; la práctica meditativa amplía el horizonte, abre la vida a todo lo posible, y hace que nos demos cuenta de que, muy probablemente, la vida no es hermosa, sino grande, tan grande que puede contener también sufrimiento, dolor, lágrimas y alegría. En definitiva, la meditación enseña que el mundo es perfecto tal como es, como recuerda la tradición del Tao: «Cuando te das cuenta de que no falta nada, el mundo te pertenece».

Al meditar vamos aflojando lentamente esa mentalidad mercantilista que tanto oscurece la presencia de lo divino en nosotros o, si queremos, de lo que somos verdaderamente, es decir, la manifestación de lo divino. La meditación pone fin a la agitación que enturbia nuestro ser. Como un vaso de agua sucia que, si no se agita ni se remueve, verá cómo se deposita en el fondo las impurezas que impiden que lo atraviese la luz, así también nuestro ser, en la meditación, verá caer todas las fuentes de distracción, todas las expectativas de que intervenga ese pequeño dios particular con el que hacemos intercambios comerciales para obtener ventajas personales. «Dentro de ti hay una sustancia, o como la quieras llamar tú, algo que lleva una vida propia y con la que podrías hacer muchas cosas: de esto cada vez empiezo a ser más consciente. Lo único que tengo que hacer es cederle espacio», reflexiona Etty Hillesum en su *Diario*.

No meditamos para obtener nada, sino para manifestar algo, nuestra verdadera naturaleza. Cuando aflojamos el control, la divinidad puede, por fin, brotar, sencillamente, sin esfuerzo. Sí, hay que aflojar el control. Dejar ir, no aferrarnos.

De la tradición oriental aprendemos que hay tres venenos que perjudican al alma humana: el apego, el odio y el engaño, o, por utilizar otras palabras, el deseo, la rabia y la ignorancia. Raíces malsanas del *mal de vivre,* que están en la base del sufrimiento existencial, por decirlo con Charles Baudelaire. La raíz primordial es la ignorancia o la ilusión. Vivimos en la ilusión de que hay una separación entre sujeto y objeto, entre nosotros y la vida, entre nosotros y lo divino. Nos engañamos pensando que lo que estamos viviendo —nuestra biografía, nuestro ser *bios,* la carne y la sangre, el yo psíquico y, por tanto, nuestro ego— es todo lo que es posible esperar.

Creo que lo que llamamos pecado es creernos separados, diferentes del todo, del que somos una manifestación. En este engaño fagocitamos y nos aferramos a casi cualquier cosa: objetos, personas, cuerpos… en la ilusión de que pueden dar plenitud a nuestro yo y ofrecernos una sensación de felicidad. Nos aferramos a un dios de la misma manera que nos apoyamos a una muleta que sostenga nuestras insuficiencias o que llene nuestros vacíos. Pero lo cierto es que lo que denominamos separación no es nunca posible, porque no existe un yo y un tú divino, un sujeto y un objeto, una tierra y un cielo, el ser humano y el ser divino. Todo es uno, y nosotros somos parte de ello.

¿Qué elegimos entonces? ¿El sueño, el amor ilusorio o la vida verdadera y el amor real, es decir, la vida que acontece? La opción radica entre amar una vida hipotética con lo que se espera de ella, y amar la vida real que está sucediendo, amándola por lo que es, incondicionalmente, hasta el final. No podemos rendirnos a una felicidad que es solo soñada. «En nuestra vida hay dos tragedias: la primera es no ver realizados nuestros deseos, la segunda es cuando se realizan por completo», afirmó drásticamente George Bernard Shaw. La vida es lo que permanece a pesar de todo. Cuando las ilusiones se hacen añicos. La felicidad llega en los momentos de gracia, aquellos de los que no esperamos nada.

La vida me alcanza en mi ausencia.
Christian Bobin

John Main y la meditación

I
John Main

Lo más importante que hay que saber acerca de la meditación es cómo meditar. Supongo que es igualmente importante saber por qué es necesario meditar. Pero, en primer lugar, hay que saber qué hacer, y me gustaría recordarlo una vez más para que todos tengan una idea muy clara. Busca un lugar que sea lo más tranquilo posible. En cuanto a la postura, la norma principal es sentarse con la espalda muy recta.

Quédate sentado, sin moverte, y mantén la espalda lo más recta posible. Cierra suavemente los ojos. Permanece relajado, pero alerta. Para meditar has de escoger una palabra: yo sugiero la palabra *maranatha*. Con simplicidad, suavemente, repite esa palabra en silencio, en tu corazón, en la profundidad de tu ser, y no dejes de repetirla. Escúchala como si fuese un sonido. Repítela, articulándola en silencio, con claridad, pero escuchándola como si fuese un sonido.

No pienses ni imagines nada espiritual ni de ningún otro tipo: si te vienen a la mente pensamientos o imágenes, considéralos distracciones de la meditación. En ese caso, vuelve a repetir simplemente la palabra que hayas elegido. Si puedes, debes meditar cada mañana y cada noche. Creo que cabe señalar que no aprenderás a meditar si no lo haces cada día, por la mañana y por la noche. Tan solo has de encontrar tiempo.

Con esta recomendación John Main, gigante de la espiritualidad, que hizo de la meditación el centro de su existencia, en su *El silencio y la quietud* exhorta a quienes meditan a «encontrar el tiempo» para pronunciar la palabra escogida. La meditación nace con el ser humano y, durante milenios, hombres y mujeres han meditado según su propia tradición, cultura y religión. No existe una meditación cristiana, una meditación hindú, una meditación zen. Existe el ser humano que, dentro de una tradición, se sienta y comienza a meditar.

John Main nació en Londres el 21 de enero de 1926, en el seno de una familia irlandesa. Estudió Derecho, aprendió chino y el Ministerio de Asuntos Exteriores británico le envió a prestar servicio en Malasia. En su *Aprender a meditar* cuenta el inicio del camino que emprendió en el Extremo Oriente: desde su encuentro con el *swami* (maestro) hindú y su método de meditación, que provocó en Main un sentido de novedad, pasando por el uso del *mantra* para crear una resonancia con el Creador y las criaturas, hasta el asombro de encontrar el uso del «versículo repetido» en el seno de la tradición cristiana, concretamente en las palabras atribuidas a Juan Casiano, una extraordinaria figura del monaquismo antiguo, cuando hasta entonces Main había considerado que la «oración de los hechos» era el único método de meditación posible.

Me inicié en la meditación mucho antes de convertirme en monje, mientras prestaba servicio en el Servicio Colonial Británico en Malasia. Mi maestro fue un *swami* hindú, en las afueras de Kuala Lumpur. Cuando lo conocí por primera vez, por algún motivo oficial, me impresionó profundamente su sabiduría, repleta de paz y de sosiego. Me alegró ver que parecía deseoso de hablar a nivel personal, y, cuando concluyeron los asuntos oficiales que me habían llevado hasta él, nos pusimos a conversar. Me preguntó si yo era un hombre de fe. Le respondí que era católico. Y entonces me preguntó si yo meditaba. Le contesté que lo intentaba, y, por invitación suya, describí brevemente lo que conocíamos como el método ignaciano de meditación.

Así fue como Main se dio cuenta de que el método de meditación del *swami* era algo nuevo para él:

Se quedó un rato en silencio y luego, con amabilidad, me dijo que su tradición meditativa era completamente diferente. Para el *swami,* el objetivo de la meditación era alcanzar la consciencia del espíritu del universo que habita en nuestro corazón, y me recitó los siguientes versos del *Upanishad*: «Él contiene todas las cosas, todas las obras y los deseos y todos los aromas y sabores. Él despliega el universo entero y, en silencio, es afectuoso con todo. Este es el espíritu que está en mi corazón. Esto es el *brahman».* El *swami* leyó aquel fragmento con tal devoción y tanta elocuencia que le pregunté si me aceptaría como discípulo para enseñarme a meditar de esa manera. Él respondió: «La meditación es muy simple... lo único que tienes que hacer es meditar. Si quieres aprender, trataré de enseñarte. Lo que te propongo es lo siguiente: que una vez por semana vengas a meditar conmigo. Antes de meditar te diré algo, pero lo importante es que meditemos juntos». Así fue como comencé a ir con regularidad a encontrarme con aquel hombre santo, y eso fue lo que me dijo en mi primera visita.

El elemento central de la meditación, que Main aprendió, es el *mantra*. El término *mantra* deriva de la unión de dos términos: el verbo sánscrito *man* (VIII clase, en la acepción de «pensar», de donde procede *manas:* «pensamiento», «mente», «intelecto», pero también «principio espiritual» o «aliento», «alma viva») unido al sufijo *tra,* que se corresponde con el adjetivo sánscrito *kṛt* («que cumple», «que actúa»). Una etimología tradicional hace, en cambio, derivar el término mantra del verbo *man* pero unido al sánscrito *tra,* que se convierte en adjetivo con el sentido de «protector», y de ahí «pensar, pensamiento, que ofrece protección».

La meditación pasó a ser para él una buena costumbre, arraigada, que requería tiempo y constancia. En efecto, empezó a meditar media hora por la mañana y media hora por la noche.

«Para meditar has de hacer silencio. Has de permanecer inmóvil. Y debes concentrarte. En nuestra tradición conocemos una forma de llegar a ese sosiego, a esa concentración. Utilizamos una palabra llamada *mantra*. Para meditar, cada uno ha de escoger esta palabra y luego repetirla, con fe y amor, sin cesar. Esto es todo acerca de la meditación. En realidad no tengo nada más que decirte. Y ahora meditemos».

Y así, cada semana, durante unos dieciocho meses, acudía a este hombre de Dios y, sentado a su lado, meditaba durante media hora. Me dijo que, viendo la seriedad de mi búsqueda, era absolutamente necesario meditar dos veces al día durante treinta minutos. Y añadió: «Meditar solo cuando vienes a verme sería superficial. Meditar una vez al día sería superficial. Si quieres ir en serio y arraigar este *mantra* en tu corazón, el compromiso mínimo es que lo primero que hagas por la mañana sea meditar durante media hora, y luego meditar otra media hora por la noche. Y durante todo el tiempo que se prolongue la meditación no debe haber en tu mente ni pensamientos, ni palabras, ni imágenes. El único sonido será el sonido de tu *mantra,* tu palabra. El *mantra* es como un sonido armónico. Mientras pronunciamos este sonido armónico, comenzamos a construir en nuestro interior una resonancia. Esta resonancia nos conduce luego a nuestra propia totalidad… comenzamos a experimentar la unidad profunda que todos poseemos en nuestro propio ser. Y entonces el sonido armónico empieza a construir una resonancia entre todas las criaturas y toda la creación y tú, es una unidad entre tú y tu Creador».

Tras su servicio en Oriente, John Main regresó a Europa, donde, continuando su camino de meditación, se convirtió en profesor de Derecho internacional en el Trinity college de Dublín. En 1958 tomó la decisión de hacerse monje benedictino y comenzó su formación bajo la dirección de un maestro. Este no tardó en pedirle que renunciara a la práctica de la meditación que había aprendido en Oriente, porque se consideraba que no se ajustaba a la tradición cristiana.

> Sin embargo, al convertirme en monje, me enseñaron un método diferente de meditación que yo acepté en obediencia a mi nuevo *estatus* de novicio benedictino. Este nuevo método se denominaba «oración de los hechos»: consistía en media hora dedicada a los actos de adoración, contrición, acción de gracias y súplica, es decir, media hora de oración que, en gran parte, consistía en palabras dirigidas a Dios en el corazón y, en la mente, en pensamientos sobre Dios. Acepté este giro con esa especie de fatalismo que hay tras las palabras de Alexander Pope: «Lo que sea, está bien». Entre tanto, dejé de lado toda seria confrontación con el hecho de que esta nueva forma de oración cada vez me resultaba más insatisfactoria. Y, naturalmente, dado que cada vez me comprometía más como monje, la urgencia disminuía.

En 1969 John Main, ya monje profeso, descubrió y estudió a Juan Casiano. Se dio cuenta de que en las *Colaciones espirituales* del monje, inesperadamente, todo lo que había aprendido años atrás en la escuela del *swami* en Malasia ya había sido escrito y experimentado. Así que esto quería decir que trescientos años después de Cristo la técnica que había aprendido en Oriente estaba muy presente ya en el seno de la tradición cristiana.

Con un maravilloso asombro leí, en la Colación décima, «persiste el alma en la rumia constante de estas palabras. Hasta que, meditándolas sin cesar, encuentre el coraje suficiente para rechazar otros pensamientos [...], limitándose a esta sola oración y versículo». Al leer estas palabras de Casiano, había llegado de nuevo a casa, había regresado a la práctica del *mantra*.

Por eso John Main volvió a meditar y dedicó el resto de su vida a enseñar a los laicos esta tradición perdida del cristianismo. Consideraba que era importante para el mundo restablecer en la vida cotidiana el uso de una práctica espiritual profunda. Falleció el 30 de diciembre de 1982. Su obra es ahora impulsada por la Comunidad Mundial para la Meditación Cristiana (WCCM) y está dirigida por el padre benedictino Laurence Freeman. La WCCM —como explica el sitio web de la organización— es una familia contemplativa mundial abierta a todos. Su centro internacional está en Bonnevaux, un antiguo monasterio cerca de Poitiers, hoy dedicado a la paz y al diálogo en torno a la práctica diaria de la meditación. Sus raíces se encuentran en la tradición del desierto de las primeras comunidades cristianas que se remontan al siglo IV. En 1975 John Main inauguró el primer centro de meditación cristiana en Londres, donde el primer grupo comenzó a reunirse semanalmente. En 1991, durante el curso del seminario anual *John Main* impartido por Bede Griffiths, se decidió dar vida a una comunidad que fuese un «monasterio sin muros»; su símbolo, dos palomas que miran en sentidos opuestos pero que se apoyan sobre el mismo cáliz, representa la unión entre las dimensiones contemplativa y activa de la vida. La Comunidad está presente en ciento veintiséis países y dedica una mirada particularmente atenta a la fragilidad y al diálogo contemplativo con los demás fieles.

John Main no se extendió explicando cómo meditar: solía afirmar que «a meditar se aprende meditando». Pero podemos dividir las fases de la meditación en tres momentos: posición sedente, inmovilidad descrita por Main en *El camino del no-saber* y el *mantra*.

- Posición sedente. Sentarse en el suelo, sobre una silla, sobre una banqueta de meditación. Lo importante es que la cadera esté un poco más elevada que las rodillas, para evitar dolores durante la práctica. La espalda debe estar en posición recta, y todo el cuerpo en una postura cómoda pero alerta. Si estamos demasiado relajados corremos el riesgo de adormecernos.

- Absoluta inmovilidad. Tendremos ganas de movernos, de rascarnos la nariz o de abrir los ojos, pero al permanecer quietos aprendemos una gran lección de desapego de nuestro egoísmo, de la obsesión por nosotros mismos. El mero hecho de permanecer quietos durante un tiempo determinado es una verdadera experiencia de trascendencia del deseo. Sentados así, lo más inmóviles que consigamos estar, empezamos a repetir nuestra palabra [...]. No creas que la quietud es estática, o que la quietud es pasiva. En la paz, en la quietud encontramos al Dios que genera y sostiene el mundo entero».

- Cerrando suavemente los párpados, recita tu *mantra*. El término *mantra* significa simplemente oración-frase sagrada, un pensamiento que ofrece protección. Siempre se ha considerado una palabra poderosa. En el cristianismo, quien consideró fundamental la repetición constante de una palabra fue san Juan Casiano. Para él, la repetición de un versículo, de una palabra, es «sacramento» que guía a quien medita a la felicidad evangélica, a la pobreza de espíritu, a la quietud necesaria para la oración.

La palabra que John Main sugirió que se repitiera es *maranatha,* que puede traducirse de diversas maneras, pero con significados muy similares: «Nuestro Señor ha venido»; «El Señor está presente», y como invocación: «Ven, Señor nuestro». Son diferentes los motivos, como él mismo explica, que nos llevan a escoger esta palabra. En primer lugar, se trata de una expresión en arameo, la lengua que hablaba Jesús: escogerla, pues, nos vincula en cierto modo a la figura de Cristo. Al parecer, es también la oración más antigua de la Iglesia, anterior incluso al uso del *Padrenuestro* en las comunidades primitivas. Y san Pablo finaliza su primera Carta a los corintios precisamente con esta invocación (*1Cor 16,22*) y san Juan termina las revelaciones del libro del Apocalipsis con esta misma palabra (*Ap 22,20*), que concluye toda la Biblia cristiana. La encontramos también en el texto de la *Didajé.*

Si la meditación es el viaje, el *mantra* puede ser considerado el medio de transporte. El viaje puede resultar agradable y reconfortante, o bien turbulento y agitado, como un vuelo en avión, pero sabes que no puedes pedir que el avión aterrice, no tienes elección, has de continuar ahí. Y precisamente el medio es nuestra tabla de salvación, esa palabra es precisamente la que nos permite atravesar la tempestad de pensamientos que nos asaltan, que nos desestabilizan, que a veces nos desmoralizan. Es inevitable que surjan pensamientos durante nuestra meditación, ¡afortunadamente! De lo contrario, estaríamos muertos... La tradición espiritual nos asegura que lo esencial es no cultivarlos, no ir tras ellos, no ceder a la invitación que nos hacen de buscar en otra parte. En esos momentos es fundamental volver al *mantra,* que nos conduce al aquí y ahora, al momento presente. El *mantra* no tiene como objetivo suprimir las distracciones —porque quien medita sabe que cuanto más espantamos a las moscas, más vuelven—, sino no darles importancia. Estaba en lo cierto el gran psicoanalista Carl Gustav Jung cuando decía que «todo lo que resistes, persiste». John Main nos dejó esta gran enseñanza en su obra *El camino de la meditación:*

> Lo esencial de la meditación y del arte de la meditación consiste, simplemente, en aprender a pronunciar esta palabra, recitarla y dejar que resuene desde el principio hasta el final de la meditación. Es sencillísimo, digámosla así: *«Ma-ra-na-tha».* Cuatro sílabas igualmente acentuadas. Muchas personas acompasan su respiración con la palabra, pero esto no es imprescindible. Lo que sí es esencial es repetir

la palabra desde el principio hasta el final y seguir repitiéndola durante todo el tiempo de la meditación. La repetición ha de ser más bien lenta, acompasada: «*Ma-ra-na-tha*». Y esto es lo único que se necesita para aprender a meditar. Tienes una palabra, repítela, permanece inmóvil. El propósito que la meditación tiene para cada uno de nosotros es llegar al centro de nosotros mismos. En muchas tradiciones se habla de la meditación como de una peregrinación, una peregrinación al centro de uno mismo, del propio corazón; y ahí aprendemos a permanecer alerta, vivos e inmóviles.

2
Un regreso al centro

La meditación consiste esencialmente en situarse en el centro de uno mismo, en un estado de absoluta calma y silencio, como subraya John Main. En la naturaleza, toda forma de crecimiento parte de un núcleo central que luego se expande hacia fuera. El centro es nuestro punto de partida, y es precisamente con nuestro centro con el que hemos de hacer nuestra meditación: porque establece el contacto con el centro originario de nuestro ser. Se trata de un auténtico retorno a nuestros orígenes y, por tanto, es una experiencia de lo que es la divinidad, porque desvelando nuestro yo, descubriendo nuestra capacidad de ser plenamente nosotros mismos, encontraremos a aquel que es. Por medio de la meditación aprenderemos que ser nosotros mismos no significa adherirnos a un modelo. «Para llegar a ser espirituales», sugiere Main en *El silencio y la quietud*,

debemos aprender a abandonar toda imagen religiosa y oficial de nosotros mismos —es decir, abandonar al fariseo que está al acecho dentro de cada uno de nosotros— porque, como nos dijo Jesús, hemos de abandonar todo nuestro yo. Toda imagen de nosotros mismos, que sabemos que procede del cerebro febril y calculador del ego, ha de abandonarse y superarse si queremos ser uno con nosotros mismos, con Dios, con los demás: es decir, si queremos ser verdaderamente honestos, verdaderamente humildes, verdaderamente humanos.

Al meditar entramos en contacto con nuestro verdadero yo, con nuestra verdadera identidad, independiente de lo que nos define. Al meditar sabemos que lo que nos define no son los calificativos que nos atribuye la sociedad; todo eso es accesorio: lo fundamental es otra cosa. Todo es vanidad, diría Qohélet (1,2) o, en una traducción más fuerte, todo es etéreo, inconsistente, transitorio, caduco. Y la meditación nos hace descansar precisamente en este otro, en lo que permanece, en lo que es esencial y no nos será arrebatado.

Al meditar cada mañana y cada noche nos arraigamos y nos convertimos en seres «completos» porque ahondamos en nuestro centro más íntimo y profundo. Aprendemos, día tras día, a cultivar nuestra vida espiritual. Mediante la repetición de una simple palabra, somos guiados suavemente a nuestro centro, abandonando todo pensamiento vago, toda actividad imaginativa, sin que nosotros hagamos ningún intento de reprimirlos o suprimirlos. John Main, en *El silencio y la quietud,* nos recuerda que

> durante la meditación estamos total y plenamente abiertos al amor de este momento presente. Si logramos perseverar en la meditación cada mañana y cada noche, nuestra capacidad de amar crecerá sin

cesar, día tras día, y alcanzará profundidades cada vez mayores e irá ampliando gradualmente nuestros límites. Hemos de entender que la disciplina de la meditación diaria acaba por desenmascarar nuestro ego. Y el ego, una vez desenmascarado, desaparece. Pero no debemos impacientarnos ni desanimarnos, sino recitar nuestro *mantra* con fe, día tras día. En la meditación, los éxitos o los fracasos no tienen ninguna importancia. Lo único que importa es la realidad de Dios, la realidad de su presencia en nuestro corazón y la realidad de nuestra respuesta a esa presencia.

Pero entonces, ¿la oración de petición y la oración de intercesión no son buenas? Son buenísimas. Se le preguntó a John Main si creía que la meditación era la mejor oración que podía hacerse. Él contestó diciendo que no decía que fuese la mejor, sino la única que él conocía de verdad, la que había hecho suya, y por eso utilizaba. No es una oración mejor, decía, sino la oración que ayuda a comprender el propio corazón.

La meditación es el momento (la fe) en el que nos disponemos a abrirnos plenamente a la presencia de Dios que habita dentro nosotros, para que él sea todo en todos, como dice san Pablo (*1Cor 15,28*). Con la meditación nos abrimos a la plenitud de su presencia. En este momento Dios, que ya conoce todos nuestros deseos, nuestras intenciones, obrará en consecuencia. Todo lo que queremos (peticiones e intercesiones) no lo manifestamos, sino que lo ofrecemos.

Esperar significa reconocer el valor de nuestro propio tiempo, el tiempo necesario para ser; significa tomarse tiempo para uno mismo como espacio de maduración. Quien no espera pacientemente después de sembrar nunca experimentará la alegría de ver nacer algo. El todo y el ahora, lo instantáneo, es perjudicial.

Como todos, detesto hacer cola
en correos o en los centros de salud, y no soporto
los procedimientos administrativos
a la que nos vemos obligados.
Y sin embargo, no dejo de esperar lo inesperado.
Edgar Morin

3

Monos enjaulados

«Cuando empezamos a meditar, la mente comienza a divagar: para muchos, la actividad de la mente es incesante, y se parece a unos monos en una jaula»: con esta imagen John Main describe la mente humana en su *El corazón de la creación*.

Partamos de este sencillo tema: nosotros pensamos mucho, demasiado; pensamos incluso de noche. Nuestra mente es una fábrica que produce imágenes, sueños, sobre todo fantasmas, que luego corremos el riesgo de denominar realidades. Pablo d'Ors recuerda: cuanto más pensamos, más nos paralizamos y menos actuamos. Porque pensamos demasiado en la vida, pero la vivimos poco. Somos lo que permanece cuando se acallan nuestros pensamientos y descubrimos por fin nuestro verdadero ser.

Todas las tradiciones recuerdan que un modo de gobernar y disciplinar la mente, y por tanto los pensamientos, es precisamente la meditación. Pero parece que hay un problema, y quien comienza a sentarse a meditar lo sabe bien: al iniciarse en la práctica de la meditación, la mente parece no sosegarse nunca, al contrario, los pensamientos parecen multiplicarse hasta el extremo.

En *El libro tibetano de la vida y la muerte,* Sogyal Rinpoche, maestro budista, llega a esta misma consideración:

> Cuando comenzamos a meditar, muchos dicen que parece que los pensamientos se desencadenan y se vuelven incluso más descontrolados que al principio. Los tranquilizo diciendo que es una buena señal. No es que tus pensamientos estén más descontrolados que antes, sino que tú estás más sosegado y eres por fin consciente del alboroto que tus pensamientos han generado siempre.

Por tanto, no es que al ponernos a meditar nos veamos asaltados por más pensamientos, sino que, al estar inmersos en el silencio y al vivir una mayor quietud, nos hacemos, sencillamente, más conscientes de ellos. Rinpoche invita a todos, hombres y mujeres, a estar presentes ante lo que surja y a volver a la respiración en todo momento.

Las diferentes tradiciones comparan a la mente que pasa de un pensamiento a otro con unos monos que saltan de una rama a otra en un gran árbol. Imaginemos a una mujer que, antes de comenzar su jornada, se sienta en la cocina para vivir su media hora de meditación. A los diez segundos de haber comenzado le viene a la cabeza la comida. Para preparar la comida tiene que ir a hacer la compra, y debe hacerla antes de que su hija salga del colegio. Pero ¿Quién recoge a la niña de la escuela? Hoy le toca a ella recogerla. ¡Ay, el coche! Antes o después, piensa la mujer, ese coche la va a dejar tirada: hay que arreglarle el motor… ¿Y cuánto costará arreglarlo? «Ahora no podemos permitírnoslo», se dice a sí misma. ¡Y además el seguro! ¿Habrá vencido ya el plazo? Los primeros quince o veinte minutos han pasado entre la planificación del día y el presupuesto familiar. Los monos están saltando de una rama a otra, alborotados y distrayendo.

¿Qué se puede hacer en concreto cuando nos asalta esta nube de pensamientos? La tradición oriental tiene dos hermosas expresiones para referirse a ello: «Llevar la mente a casa», es decir, acompañar a la mente a su estado de calma con la práctica de la atención plena y «aflojar el control», es decir, liberar a la mente del deber de aferrarse a todo. Podemos permitirnos el lujo de no adherirnos a los pensamientos, de no cultivarlos, de no ir tras ellos, sabiendo que el miedo, el dolor, el sufrimiento, proceden precisamente de esa avidez de la mente, que se aferra a todo. Así que, «déjalos ir». Los pensamientos acuden, a veces, precisamente, como un grupo de monos alocados: tú deja que se vayan, no te aferres, afloja el control…

Osho, en su comentario del *Dhammapada* de Gautama el Buda, *La mente pensante,* recoge una bella expresión que pertenece a Oriente: «Mente suspendida en el espacio en ninguna parte». Si la mente no se manipula, se llena de manera natural de felicidad, al igual que el agua, si no se agita, es por naturaleza clara y transparente. Lo importante es no interferir. La naturaleza misma de la mente, dejada en su estado natural, recupera su verdadera naturaleza, que es felicidad y claridad. Osho sigue escribiendo: «Me sentaré imperturbable en la orilla, esperando el momento en que todo se aclare, porque cuando te sientas en la orilla de la mente, ya no le das energía». Es una imagen muy hermosa... no le des energía a la mente, no le proporciones combustible que quemar.

Los pensamientos son como las nubes, afirma Sogyal Rinpoche en *El libro tibetano de la vida y la muerte:* van, vienen, a veces son claros, a veces también tenebrosos. Y, tal como se hace con las nubes, tendremos que aprender a observar los pensamientos como «el cielo que mira hacia abajo», para luego dejar que se vayan, que discurran. Cuando meditamos, busquemos ser simples espectadores y no protagonistas de nuestros pensamientos.

Permanecer sentados en nuestro cojín y meditar allí, sin preocuparnos de lo que ocurre a nuestro alrededor o dentro de nosotros mismos. La montaña conoce la tormenta, el sol, el hielo y el calor abrasador. Pero permanece allí, imperturbable; cuando todo pase, seguirá estando donde había estado hasta ese momento, en su soberbia belleza frente el cielo despejado. Cuando pasen los pensamientos y las emociones, se revelará lo que somos de verdad, nuestra auténtica naturaleza, hermosa y radiante, como la montaña de este ejemplo que hemos puesto. Para ello, es necesario que no nos aferremos a los pensamientos, imágenes y deseos que surgen durante la meditación: tan solo hay que permanecer, ser, libres de cualquier referencia o concepto, expectativa o temor. Si persisten los pensamientos-monos, lo más urgente es ser conscientes de ellos y aprender a adiestrarlos. A un mono se le adiestra dándole cacahuetes. Para nosotros, los cacahuetes son el *mantra:* «La función del *mantra* es conducirte al silencio, llevarte más allá del pensamiento, de la imaginación, del razonamiento y de la autoconciencia», resume de nuevo Main en *El corazón de la creación.* En este sentido, Alan Watts, escritor británico, en su ensayo *El taoísmo,* aborda el hecho de que

> ante un problema, la mayoría de la gente no utiliza el cerebro, sino la mente, y la utiliza del mismo modo en que se utilizan los músculos. Puedes forzar tu cabeza igual que fuerzas tus músculos, y empeñarte duramente tratando de alcanzar una respuesta, pero no funciona así. Cuando quieres de verdad encontrar una respuesta a algo, lo que tienes que hacer es observar el problema. Visualiza la pregunta lo mejor que puedas y luego, simplemente, espera. De lo contrario, si tratas de encontrar la solución mediante la fuerza bruta mental, puede que te lleves una decepción, porque cualquier solución que aparezca probablemente esté equivocada. Mientras que, si esperas un poco, la solución vendrá sola. Así es como tienes que usar tu cerebro, y funcionará de la misma manera que el estómago digiere la comida sin que lo controlemos conscientemente.

Recuperando otra hermosa metáfora, la mente se parece a un perro que tiene que estar siempre mordisqueando un hueso; nuestro *mantra* es ese hueso, que damos como alimento a la mente para que lo recite de continuo encontrando satisfacción en ello. También Sogyal Rinpoche, en *El libro tibetano de la vida y la muerte,* compara nuestra mente con el océano, que está surcado por las olas pero que, si lo observamos bien, no parece estar particularmente agitado por ese movimiento, porque, en el fondo, ¿qué son las olas? No son sino la naturaleza misma del océano: allí nacen y mueren.

> Del mismo modo, cualquier pensamiento o emoción que se presente, deja que surja y se calme, como las olas del océano. Cada vez que te descubras pensando, deja que ese pensamiento emerja y se reabsorba. Sin ejercer ninguna coerción, no te aferres a él, no te alimentes de él, no te demores en él, no lo mantengas cerca, no trates de conferirle firmeza, no persigas los pensamientos, no los pidas, sé como el océano que contempla sus propias olas. Pronto descubrirás que los pensamientos son como el viento: van y vienen; el secreto está en no pensar en los pensamientos.

Los pensamientos nacen del inmenso mar de la mente, son manifestación suya; surgen de la mente y se disuelven en ella. Por ese motivo no debemos considerar los pensamientos como un problema en la meditación: solo hemos de ser conscientes de su presencia, ser pacientes, y la nube se disipará como algo completamente natural.

A fin de cuentas, lo importante es cambiar de actitud, no cambiar la mente, porque el problema reside en la actitud, en la postura que adoptamos ante todo esto. Si modificamos nuestro modo de comportarnos, cambiará también el contenido de la mente. Si somos más conciliadores con nuestros pensamientos, también ellos lo serán respecto a nosotros. Si dejamos de percibirlos como un problema, no surgirán problemas.

No nos engañemos pensando que nuestra meditación tendrá éxito cuando logremos eliminar todos los monos que saltan en nuestra mente. Metáforas aparte: no pensemos que vamos a tener éxito en nuestra meditación gracias a que estamos poco distraídos. La meditación no debe conocer éxito o fracaso. El éxito de la meditación, entonces, no dependerá de si he acallado mis pensamientos —porque esto es una tarea imposible— o de si los he manejado bien; no dependerá de si el tiempo ha pasado volando o de si me he sentido completamente a gusto. Estas categorías, éxito y fracaso, distracción y atención, bienestar o malestar, no forman parte del vocabulario del arte de la meditación; lo cierto es que hace falta mucha indiferencia para poder meditar. Los grandes meditadores son también grandes indiferentes, en el sentido de personas desapegadas. Hemos de tener en mente que para la tradición oriental, los obstáculos que se le presentan al verdadero practicante no derivan de las experiencias negativas sino de las positivas. Cuando en la meditación las cosas van bien es cuando debemos empezar a preocuparnos. Porque en estos casos comienza la complacencia y el cosquilleo del propio ego.

En el momento en que advertimos un bienestar psicológico y físico que deriva de la meditación y creemos haber mejorado, entonces todo se ha desmoronado: el propósito de la meditación no era esto. Meditar no es un deporte en el que lo importante es ser más valientes. En la meditación no se alcanza nada, sencillamente porque no hay nada que alcanzar: la meta es la vida, como recuerda el Tao. Se medita para meditar. La meditación es como la rosa, sugería Silesio: «La rosa es sin porqué. Florece porque florece. No se presta atención a sí misma, no pide que nadie la contemple».

Cuando las cosas comiencen a volverse más fáciles y la meditación empiece a darte cierta satisfacción, empieza a preocuparte. Aquí es donde aparece el riesgo de aferrarte a ese éxito, a esa gratificación, que es precisamente lo contrario del arte de la meditación: el no aferrarse. Tal como decíamos al inicio de la reflexión, la meditación, según Simone Weil, es una «espera sin objetivo». La meditación es, simplemente, un estar abierto a nada y esperar que la realidad nos alcance, porque no hay que generar la realidad, sino tan solo aceptarla. Si lo pensamos bien, las realidades más grandes de la vida no se producen, tan solo se reciben: el sol, el aire, la luz, el amor... No las producimos, las acogemos y disfrutamos de ellas. Así debe ser la meditación: esperar sin objetivo, ser y acoger. Y disfrutar de ello.

APÉNDICE

Apuntes para la meditación

El miedo a la soledad

Los hombres modernos, si no quieren atrofiarse desde el punto de vista psíquico, tendrán que garantizar por lo menos una compensación entre la vida activa y la vida contemplativa.

Tenemos una huida en la acción social y en la praxis política, ya que los hombres no se sostienen frente a sí mismos. Están divididos entre sí y no pueden quedarse solos. Les tortura la soledad. El silencio les resulta insoportable. Experimentan el aislamiento como una «muerte social». Toda desilusión (literalmente «burlarse») se convierte en una frustración que hay que eliminar. Pero el que cae en la praxis porque no puede consigo mismo se hace también odioso a los demás. La praxis social y el compromiso político no son ningún remedio contra la debilidad del yo.

El que quiere actuar en favor de los demás sin profundizar en su autocomprensión, sin sensibilizar su propia capacidad de amar, sin haber encontrado su propia libertad respecto a sí mismo, sin haber alcanzado la confianza en sí, no encontrará nada que pueda luego transmitir a los demás. Pero el que cae en la praxis porque no puede consigo mismo se hace también odioso a los demás. La praxis social y el compromiso político no son ningún remedio contra la debilidad del yo. El que quiere actuar en favor de los demás sin profundizar en su autocomprensión, sin sensibilizar su propia capacidad de amar, sin haber encontrado su propia libertad respecto a sí mismo, sin haber alcanzado la confianza en sí, no encontrará nada que pueda luego transmitir a los demás. Comunicará entonces —suponiendo que tenga las mejores intenciones y excluyendo cualquier atisbo de mala fe— solamente la manía de buscarse a sí mismo, las agresiones de su angustia y los prejuicios de su ideología. El que quiera colmar su propio vacío interior prestando ayuda a los demás, no difundirá más que su vacío. ¿Por qué? Porque que cada uno de los hombres, a diferencia de lo que les gustaría a los individuos activos, actúa en favor de los otros más con su propio ser que con su propio hablar y actuar, solamente el que se haya encontrado a sí mismo podrá darse también a los demás. ¿Qué es lo que daría en caso contrario? Solo el que se sabe aceptado puede aceptar a los demás sin dominarlos. El que se ha hecho libre en sí mismo podrá liberar igualmente a los demás y participar de sus sufrimientos.

En otro tiempo los místicos escogían la soledad del desierto para luchar con los demonios y experimentar la victoria de Cristo. A mí me parece que hoy necesitamos de hombres que se encaminen hacia el desierto interior del alma y bajen hasta los abismos del yo para combatir a los demonios y experimentar la victoria de Cristo, o más sencillamente para garantizar una esfera de vida interior y, a través de la experiencia del alma, abrir el camino a los demás. Y en nuestro contexto esto significa comprender el sentido positivo de la soledad, del silencio, del vacío interior, del sufrimiento, de la pobreza, de la sequedad espiritual y del «saber que ignora».

J. Moltmann, El Dios crucificado

El valor de aceptar el silencio

Nuestras imágenes de Dios deben desaparecer. No debemos ser idólatras. Curiosamente, descubrimos que las imágenes que tenemos de nosotros mismos también se desvanecen, y esto sugiere […] lo que siempre hemos supuesto: que nuestras imágenes de Dios son en realidad imágenes de nosotros mismos.

En este maravilloso proceso en el que llegamos a la luz de la realidad, nos alejamos de lo ilusorio y surge un gran silencio precisamente de nuestro centro. Nos sentimos abrumados en el silencio eterno de Dios. Ya no hablamos de un Dios o, lo que es peor, de un nosotros mismos. Aprendemos a ser, a ser con Dios, a estar en Dios. […] En nuestro camino espiritual necesitamos más energías para mantenernos firmes que para no huir. La mayoría de las personas pasan tanto tiempo yendo de una cosa a otra que les asusta la quietud y el silencio. Un cierto pánico existencial puede apoderarse de nosotros cuando nos encontramos por primera vez con la quietud… sería mucho más fácil, sin duda, aprender esto en una sociedad más estable y equilibrada. En un mundo turbulento y confuso hay muchas voces engañosas, muchas voces que reclaman nuestra atención. Pero si conseguimos tener el valor de permanecer fijos en este silencio, entraremos en el espacio que está más allá de todo entendimiento.

John Main, El silencio y la quietud

Es necesario dar tiempo al silencio. Como el silencio de la semilla en la tierra: un periodo de nueve meses, mientras hoy todo está acelerado, para evitar el riesgo de partos grotescos. También la religión se ha convertido en una acumulación de palabras, consumidas en documentos plastificados, y en las iglesias hay quien comienza a sentirse ya incómodo con el ruido religioso, con las grandes reuniones que son una exhibición de todo, y donde el único ausente es Dios.

Dios no estaba en el trueno, sino en la brisa ligera. Quizá el silencio sea contener la respiración y respirar una presencia. Contener para dejar espacio, vaciarse, hacer sitio. El silencio atónito es la condición para que se produzca de nuevo el milagro de la creación, el milagro que hace vibrar ligeramente el aire de la mañana. El silencio también ayuda a ver.

Hemos de volver a ver de cerca la realidad, a escucharla en silencio. Arrodillarse y verla de cerca. Sí, porque actuamos por abstracción. Definir a granel es una necedad, es un juicio. De cerca quiere decir poner nombres; Dios pidió al hombre que diera un nombre a cada uno de los animales que tenía ante sí. De la multitud a lo conocido. Acoger la individualidad, sentir el aroma, y el sufrimiento, y la historia. Cada hombre no es tan solo lo que parece, sino que es infinitamente más. El silencio permite que el verdadero yo emerja, permite que nos demos cuenta de que el ego es insípido.

G. Vanucci, *Dentro del Misterio*

1 de marzo de 1916

Mi amada Mary

Me siento como una semilla en pleno invierno, sabiendo que la primavera se aproxima. El brote romperá la cáscara y la vida que todavía duerme en mí saldrá a la superficie cuando sea llamada. El silencio es doloroso, pero en el silencio es donde las cosas toman forma, y hay momentos en nuestra vida en los que lo único que tenemos que hacer es esperar. En cada uno de nosotros, en lo más profundo de nuestro ser, hay una fuerza que ve y oye lo que aún no podemos percibir. Todo lo que somos hoy nació de ese silencio de ayer.

Tenemos muchas más capacidades de las que pensamos. Hay momentos en los que la única forma de aprender es no tomar ninguna iniciativa, no hacer nada. Porque, incluso en momentos de total inacción, esta parte secreta de nosotros mismos está trabajando y aprendiendo. Cuando el conocimiento oculto en el alma se manifiesta, nos asombramos de nosotros mismos, y nuestros pensamientos invernales se convierten en flores, que cantan canciones que nunca soñamos. La vida siempre nos dará más de lo que creemos que merecemos.

K. Gibran, *Cartas de amor del Profeta*

Generar la palabra definitiva

El silencio no existe en nuestra vida tan solo por sí mismo. Está ordenado a otra cosa. El silencio genera la palabra. Una vida entera de silencio está ordenada a una declaración definitiva, que no puede expresarse en palabras, una declaración de todo aquello por lo que hemos vivido.

Vida y muerte, palabra y silencio, se nos dan por Cristo. En Cristo morimos a la carne y vivimos en el espíritu. En él morimos a lo ilusorio y vivimos en la verdad. Hablamos para confesarle y permanecemos en silencio para meditar sobre él y entrar más profundamente en su silencio, que es al mismo tiempo el silencio de la muerte y de la vida eterna, el silencio de la noche del Viernes Santo y la paz de la mañana de Pascua. Y en este silencio se oculta una persona: Cristo, que está escondido del mismo modo en que es manifestado, en el silencio del Padre.

Si llenamos la vida de silencio, entonces vivimos de esperanza y Cristo vive en nosotros y da consistencia a nuestra virtud. Entonces, cuando llega el momento, lo confesamos abiertamente ante los hombres y nuestra confesión tiene un gran significado porque está arraigada en un profundo silencio. Esta confesión despierta, en las almas de quienes nos escuchan, el silencio de Cristo, de tal modo que ellas también se hacen silentes y comienzan a asombrarse y a escuchar. Porque han comenzado a descubrir su verdadero ser. Si nuestra vida se expande hacia fuera en palabras vanas, no escucharemos nunca desde la profundidad de nuestro corazón, donde Cristo vive y habla en silencio. No seremos nunca nada y al final, cuando llegue el momento de declarar quiénes y qué somos, nos encontraremos sin palabras en el momento mismo de la decisión crucial: porque lo habremos dicho todo y nos habremos agotado en discursos antes de tener nada que decir.

Debe haber un momento a lo largo de nuestra jornada en el que quien hace planes olvida sus planes y actúa como si no tuviese ninguno. Debe haber un momento en el día en que quien debe hablar está en absoluto silencio y su mente no formula ya ninguna proposición y se pregunta: «¿Tenían algún significado?». Debe haber un momento en el que el hombre de oración va a orar como si orase por primera vez en su vida; un momento en el que el hombre que ha tomado alguna decisión la deja aparte, como si se hubiera frustrado, y aprende una sabiduría diferente: distinguir el sol de la luna, las estrellas de la oscuridad, el mar de la tierra y el cielo nocturno del fondo de una colina. En el silencio aprendemos a diferenciar. Quien huye del silencio huye también de las distinciones; no desea ver con demasiada claridad, prefiere la confusión.

El hombre que ama a Dios ama también necesariamente el silencio, porque teme perder su sentido del discernimiento. El silencio tiene una doble forma de imponerse sobre nosotros: proviene de nuestra pobreza o brota de una plenitud. A menudo es preciso que el silencio nos llegue primero desde la sensación de nuestra pobreza. Esto sucede, sencillamente, cuando nos damos cuenta de que todavía no somos capaces de pronunciar la palabra como deberíamos. Jesús se mostró muy severo frente a las palabras vanas pronunciadas por el creyente con desconsideración (*Mt 12,36*). La palabra se le ha dado al hombre para que dé testimonio de la palabra de Dios y para dar gracias y bendecir a Dios. Pero nuestras palabras se han convertido en una de las ocasiones más fáciles para ofender a Dios y para herir a nuestros hermanos. La discreción en el habla es señal de que somos conscientes y no deseamos pronunciar otras palabras más que las que han madurado en nuestro corazón.

Ese silencio procede, ante todo, de un vacío en nuestro interior, pero un vacío claramente aceptado. Pero hay otro silencio: el que brota de una plenitud que hay en nuestro interior. Isaac el Sirio escribió: «Esforcémonos ante todo por callar. De aquí surgirá en nosotros lo que nos conducirá al silencio. Que Dios te permita entonces percibir lo que nace del silencio. Si lo practicas, se elevará en ti una luz indescriptible. De la ascesis del silencio nace en el corazón, con el tiempo, un placer que impulsa al cuerpo a permanecer pacientemente en la paz. Y nos vienen lágrimas abundantes, primero en la pena, después en el arrobamiento. Y el corazón siente entonces lo que discierne en el fondo de la maravillosa contemplación». Este silencio es ya oración o, según este mismo autor, «lenguaje de los siglos venideros». Esto da testimonio de la plenitud de la vida de Dios en nosotros, plenitud que debe renunciar a toda palabra humana para expresarse adecuadamente. Durante un tiempo, solo las palabras de la Biblia consiguen expresarla un poco, pero luego llega el momento en que solo el silencio puede dar cuenta de la extraordinaria riqueza que nos es dado descubrir en nuestro corazón. Es un silencio que se impone con suavidad y con fuerza al mismo tiempo, pero desde el interior. La oración se convierte en ley para sí misma. Y nos hace comprender cuándo es preciso callar y cuándo es necesario hablar. Es pura alabanza, y al mismo tiempo asombrosa irradiación. Un silencio así nunca hace daño a nadie. Establece en torno al silente una zona de paz y de quietud en la que Dios se percibe como presente de forma irresistible. «Guarda tu corazón en la paz —decía Serafín de Sarov— y una multitud a tu alrededor se salvará».

H. Nouwen, *He escuchado el silencio*

La atención consciente, que utiliza las palabras, no logra pensar en muchas cosas a la vez. Mientras pensamos, nos vemos obligados a ignorarlo prácticamente todo. Impulsamos nuestros pensamientos sobre un solo carril, pero el mundo no discurre por un solo carril. El mundo es todo lo que ocurre en todas partes al mismo tiempo, y nos resulta imposible tomarlo todo en consideración, porque no hay tiempo. Sin embargo, nuestro cerebro puede tomarlo todo en consideración porque es capaz de manejar innumerables variables al mismo tiempo, aunque nuestra atención consciente no lo consiga. Los símbolos verbales solo pueden manejar una sola vía, muy sencilla y vasta, y por eso tenemos que confiar en nuestro cerebro. Somos mucho más inteligentes de lo que creemos.

A. Watts, Il Taoismo

Engrandecer el alma

Imagínate por un momento lo que más deseas e imagínate también que no lo consigues. Pues bien, puedes ser feliz sin conseguirlo: eso es lo que da la meditación. La frustración puede elaborarse creativamente, sin resignación. Todos podemos desear cosas, pero a sabiendas de que nuestra realización humana no depende de la consecución de las mismas. En realidad, voy comprendiendo que siempre sucede lo que tiene que suceder. Lo que sucede es siempre lo mejor de lo que podría haber sucedido. El devenir es mucho más sabio que nuestras ideas o planes. Pensar lo contrario es un error de perspectiva y la causa última de nuestro sufrimiento y de nuestra infelicidad. Solo sufrimos porque pensamos que las cosas deberían ser de otra manera. En cuanto abandonamos esta pretensión, dejamos de sufrir. En cuanto dejamos de imponer nuestros esquemas a la realidad, la realidad deja de presentarse adversa o propensa y comienza a manifestarse tal cual es, sin ese patrón valorativo que nos impide acceder a ella misma. El camino de la meditación es por ello el del desapego, el de la ruptura de los esquemas mentales o prejuicios: es un irse desnudando hasta que se termina por comprobar que se está mucho mejor desnudo.

Estamos tan lamentablemente apegados a nuestros puntos de vista que si pudiéramos vernos con cierta objetividad sentiríamos vergüenza y hasta compasión por nosotros mismos. El mundo tiene graves problemas por resolver y el ser humano está, por lo general, embebido en problemas minúsculos que ponen de manifiesto su cortedad de miras y su incorregible mezquindad. El principal fruto de la meditación es que nos hace magnánimos, es decir, nos ensancha el alma: pronto empiezan a caber en ella más colores, más personas, más formas y figuras… En realidad, tanto más noble es un ser humano cuanto mayor sea su capacidad de hospedaje o acogida. Cuanto más vacíos estemos de nosotros mismos, más cabrá dentro de nosotros. El vacío de sí, el olvido de sí, está en proporción directa con el amor a los demás. Cristo y Buda son, en este sentido, los modelos más insignes que conozco.

Pablo d'Ors, *Biografía del silencio*

Aprende a dejar que las cosas sucedan sin forzar el flujo de los acontecimientos.

Hay muchas personas y situaciones de nuestra vida que van y vienen. Deja ir lo que tiene que salir de tu existencia, deja de aferrarte a lo que no te pertenece de verdad. Insistir, forzar, es una pérdida de valioso tiempo. Es como poner tu vida en manos de quienes no reconocen su valor real y son incapaces de honrar la profundidad de ese encuentro.

Lo que de verdad te pertenece y vibra al unísono con la luz de tu corazón fluirá contigo hacia la vida de forma natural, alineándose con tu voluntad más auténtica. Las personas que vibran al unísono contigo se reconocen de inmediato: cuando te ven se les ilumina la cara y se les abre el corazón, porque se sienten como en casa.

Acoge la incertidumbre y empieza a confiar en la existencia. Deja que se abran nuevas perspectivas. La búsqueda de seguridad es un instinto natural, pero también debemos aprender a acoger las grandes lecciones de la precariedad y la incertidumbre. Si nos abrimos a ellas sin rechazarlas ni juzgarlas, se revelarán como lo que son: grandes maestras. Cuando dejamos de intentar controlar nuestra vida y comenzamos a confiar en la existencia, descubrimos recursos inexplorados, dentro y fuera de nosotros. Ante caminos nuevos, puedes centrarte en la duda o en la maravilla de las nuevas e infinitas posibilidades. A ti te corresponde elegir.

La vida no es un espectáculo programado, sino un acto único. Por ello, vivir la incertidumbre conscientemente y con confianza es una experiencia extraordinaria: la maravilla de no saber cómo acabará.

Da el máximo posible, y lo que te está destinado vendrá en el momento oportuno. Actúa de manera que cada noche, al cerrar los ojos, sepas que has hecho y dado el máximo posible para hacer realidad tus sueños y cumplir tu vocación.

Deja ir todas las preocupaciones y aférrate al amor. Que solo haya luz y pureza en tu corazón. Esta noche cierra los ojos escuchando, maravillado, el don de la vida, reconociendo que eres una criatura única y mágica. Sigue siendo consciente de que lo que te está destinado llegará en el momento oportuno. Deja que la paz habite en lo más profundo de tu corazón y que su luz alcance y proteja a las personas que amas.

D. Lumera, *Meditaciones de ganchillo*

Contemplar la luz de la verdad

Alertado por aquellos escritos que me intimaban a retornar a mí mismo, entré en mi interior guiado por ti; y lo pude hacer porque tú te hiciste mi ayuda. Entré y vi con el ojo de mi alma, comoquiera que él fuese, sobre el mismo ojo de mi alma, sobre mi mente, una luz inmutable, no esta vulgar y visible a toda carne ni otra cuasi del mismo género, aunque más grande, como si esta brillase más y más claramente y lo llenase todo con su grandeza. No era esto aquella luz, sino cosa distinta, muy distinta de todas estas. Ni estaba sobre mi mente como está el aceite sobre el agua o el cielo sobre la tierra, sino estaba sobre mí, por haberme hecho, y yo debajo, por ser hechura suya. Quien conoce la verdad, conoce esta luz, y quien la conoce, conoce la eternidad. La caridad es quien la conoce.

¡Oh eterna Verdad, y verdadera Caridad, y amada Eternidad! Tú eres mi Dios; por ti suspiro día y noche, y cuando por vez primera te conocí, tú me tomaste para que viese que existía lo que había de ver y que aún no estaba en condiciones de ver. Y reverberaste la debilidad de mi vista, dirigiendo tus rayos con fuerza sobre mí; y me estremecí de amor y de horror. Y advertí que me hallaba lejos de ti en la región de la desemejanza, como si oyera tu voz de lo alto: «Manjar soy de grandes: crece y me comerás. Ni tú me mudarás en ti como al manjar de tu carne, sino tú te mudarás en mí». Buscaba yo el medio de adquirir la fortaleza que me hiciese idóneo para gozarte; ni había de hallarla sino abrazándome con el Mediador entre Dios y los hombres, el hombre Cristo Jesús (*1 Tim 2,5*), que es sobre todas las cosas Dios bendito por los siglos (*Rm 9,5*) el cual me llama y dice: Yo soy el camino, la verdad y la vida (*Jn 14,6*), y el alimento mezclado con carne (que yo no tenía fuerzas para tomar), por haberse hecho el Verbo carne (*Jn 1,14*), a fin de que fuese amamantada nuestra infancia por la Sabiduría, por la cual creaste todas las cosas.

¡Tarde te amé, belleza tan antigua y tan nueva, tarde te amé! Y he aquí que tú estabas dentro de mí y yo fuera, y por fuera te andaba buscando; y deforme como era, me lanzaba sobre las bellezas de tus criaturas. Tú estabas conmigo, pero yo no estaba contigo. Me retenían alejado de ti aquellas realidades que, si no estuviesen en ti, no serían. Llamaste y clamaste, y rompiste mi sordera; brillaste y resplandeciste, y ahuyentaste mi ceguera; exhalaste tu fragancia y respiré, y ya suspiro por ti; gusté de ti, y siento hambre y sed; me tocaste, y me abrasé en tu paz.

Agustín, *Las confesiones*

Podemos, estando aquí
estando muy quietos,
sostener una estrella.
Podemos decirle a la hoja que caiga
cuando sea el momento
y llevar al fruto
a su maduración.
Podemos, creo, celebrar cada ola
examinar las briznas de hierba y proclamar
en el aire el bien. Impulsar el bien a nuestro alrededor,
pacificar los espíritus de guerra.
Mantener la llama de todos los hogares
en las pequeñas cocinas
del mundo, y a los tugurios llevar
la llama que transforma en alimento
los frutos de la tierra. Mantener el agua
en su transparencia. Y detener la montaña
sin vacilar.

Permaneciendo inmóvil
podemos adorar. Podemos entrar
en el dolor de otro y aliviarlo,
secar la ropa. Volar. Podemos
hacer corazón con el corazón de la tierra. Podemos
cortar hasta el infinito la partícula humana
de carne. Desatar el potencial atómico
que reside en cada escama
de nuestra piel. Celebrar desde ahí
la actual —nuestra— eternidad.

Estar en silencio e inmóvil es como decir
aquí estoy, fecundadme. Decírselo a las fuerzas

decírselo a las estaciones, al cielo, a los pueblos
invisibles de los mundos.
Hacemos un acto de fe quedándonos quietos.
Decimos: creo en lo que no se ve,
sé que no estoy sola ahora
en esta habitación sin nadie,
sé que en el supuesto vacío
hay una corriente fecunda,
una mano que guía mi mano,
una mente creadora. Sé que no sé
el misterio del mundo. Y sé que lo conservo
para la fecundación de todos los seres vivos.

Estando inmóviles se crea una fisura
para que algo entre y haga movimiento
en nosotros, y nos trabaje despacio,
como una obra maestra que hay que terminar,
a la que el artista desconocido da un retoque
con inspirada mano, casi enajenado,
tan fuerte es el impulso y tan delicada
la precisión de su tacto.

Estando quietos,
celebramos el gran poder
que exalta al sol en su resplandor
y lo oculta en el oeste
en la hora del cansancio, cuando quienes lo miran
sienten una leve e indecible pena.

Y estando quietos, la luz entra
incluso en la más oscura de las noches

y el ojo cerrado puede contemplar
la oscuridad inmensa del cuerpo
donde el aliento entra y se expande.

Y el aire entra y sale
en lentos y tranquilos sorbos.
Y el aire es cielo. Cielo que viene a nosotros,
con partículas de cosmos, y polvo antiguo.
Aliento de todo lo que ha sido
y del ser presente y vivo.

Estando muy quietos,
el pensamiento se expande
con sus espirales encantadas
surge y se hincha
en riachuelos y llanuras inundadas,
en zarzas en laberintos agrietados
casuchas raíces cuadradas.
Aquí está el pensamiento, el devorador.
Estando quietos podemos allanarlo
y peinarlo y hacer que se quede abajo
tumbado y colgado y compuesto
y un poco hacia atrás
en el subsuelo —debilitado—.

Todo el presente estalla.
Estando quietos.

El nombre se deposita en el fondo.
El apellido es un cachivache anticuado.
Nadie empuja ni presiona

nada se apresura, nada está lejos.
Se acaba. Lo que está lejos
se acaba. Estando quietos.

Y luego se hace concierto
con el cuerpo plantar, con las esferas
celestiales con el musical silencio de las cosas.
Están más silenciosas las cosas estando quietos.
Queda un palpitar. Todo parece responder
a un director escondido, no humano,
silente, genial. La misma partitura secular
de orquesta.

Estando muy quietos también una cucharilla
con su pequeña sombra volcada hacia abajo,
aporta una dosis abundante de misterio
con el mundo boca abajo en los huecos.

Incluso una taza, una toalla, leche,
una caja de chinchetas, un libro, un tarro
de crema de manos. Estando quietos es extraña
más extraña la constelación de cosas sobre la mesilla
la inmutabilidad se tensa y está claro: el enigma
no será desentrañado.

Esto hemos hecho
acero y papel. Textura de hilos y de sustancias.
Y esto somos. Último esbozo
antes de lo humano.

M. Gualtieri, *Sabes que puedes quedarte aquí*

Bibliografía

Agustín, *Las confesiones,* San Pablo, Madrid 1997.

Aromando, G., *Da Roma a Scètè. Sant'Arsenio, il grande anacoreta d'Egitto*, Arti Grafiche Lapelosa, Sala Consilina (sa) 2009.

Arrobbio Agostini, R., *Gesù e Buddha in dialogo. Saggezza e amore nel Buddhadharma e nei Vangeli*, Lorenzio de' Medici Press, Florencia 2016.

Atenágoras-Clément O., *Umanesimo spirituale. Dialoghi tra Oriente e Occidente*, edición de A. Riccardi, San Paolo, Cinisello Balsamo (mi) 2013.

Bayer, A., *Meditazione. Dalla preghiera pura di Evagrio Pontico al raja yoga di Patanjali*, Appunti di Viaggio, Roma 2017.

Bhagavadgita, Bhaktivendata Book Trust, México, 1975.

Bobin, C., *Elogio del nulla*, Servitium, Gorle (bg) 2015 (orig. 1990).

Boff, L., *Soffia dove vuole. Lo Spirito Santo dal Big Bang alla liberazione degli oppressi*, Emi, Verona 2020.

Buber, M., *Il cammino dell'uomo secondo l'insegnamento chassidico*, Qiqajon, Magnano (bi) 2004.

Candiani, C. L., *Il silenzio è cosa viva. L'arte della meditazione*, Einaudi, Turín 2018.

Canone buddista. Discorsi brevi, edición de P. Filippani-Ronconi, UTET, Turín 1968.

COELHO, P.-GIBRAN, K., *Lettere d'amore del Profeta*, Mondadori, Milán 2021.

DELLA CASA, C. (ed.), *Upanisad*, UTET, Turín 1976.

D'ORS, P., *Biografía del silencio*, Siruela, Madrid 2019;

D'ORS, P., *Biografía de la luz. Una lettura mistica del Vangelo*, Galaxia Gutenberg, S.L., Madrid 2021.

ELIZALDE, M. DE, *Apotegmas de las madres y los padres del desierto,* Paulinas, Buenos Aires 1986.

EVAGRIO, PÓNTICO, *La preghiera*, edición de V. Messana, Città Nuova, Roma 2014².

GRIFFITHS, B., *Fiume di compassione. Un commento cristiano alla Bhagavad Gita*, Appunti di Viaggio, Roma 2005; *Ritorno al Centro*, Lindau, Turín 2016 (orig. 1976).

GUALTIERI, M., *Le giovani parole*, Einaudi, Turín 2015.

HERRIGEL, E., *Lo zen e il tiro con l'arco*, Adelphi, Milán 2012⁴⁰ (orig. 1948).

HESSE, H., *Siddharta*, Adelphi, Milán 1975 (orig. 1922).

HILLESUM, E., *Diario 1941-1943*, edición de K. A. D. Smelik-G. Lodders-R. Tempelaars, Adelphi, Milán 2012 (orig. 1981).

JÄGER, W., *L'eterna saggezza. Sophia perennis. Il segreto di tutte le vie spirituali*, Gabrielli, San Pietro in Cariano (VE) 2012.

JUAN CASIANO, *Colaciones*, Rialp, Madrid 2018².

JUAN CLÍMACO, *La escala del Paraíso*, Biblioteca patrística, www.clerus.org.

JUAN DE LA CRUZ, *Subida del Monte Carmelo*, en *Vida y obras de san Juan de la Cruz,* BAC, Madrid 1960⁴.

Lumera, D., *Meditazione a strappo. 60 idee per educare la mente al silenzio, all'armonia e all'amore*, Giunti Editore, Florencia 2022.

Main, J., *The way of unknowing,* Canterbury Press, Nueva York 2014; W*ord into silence. A Manual for Christian meditation,* Canterbury Press, Nueva York 2014; *The heart of creation,* Continuum Publishing Group, London 1998; *La via della meditazione*, La Meridiana, Molfetta (BA) 2008; *Essential writings,* Orbis books, Maryknoll 2002; *Silence and stillness in every season. Daily readings with John Main,* Darton Longman and Todd, Londres 1997; *Imparare a meditare nella tradizione cristiana*, Berti, Parma 2018; *Monastery without walls. The spiritual letters of John Main,* Hymns Ancient & Modern Ltd, Norwich 2006; Community of love, Darton Longman and Todd, Londres 1990.

Maestro Eckhart, *Dell'uomo nobile*, edición de M. Vannini, Adelphi, Milán 2008[4]; *Sermoni tedeschi*, edición de M. Vannini, Adelphi, Milán 2011; *Tratados y sermones,* Las cuarenta, Madrid 2018; *La via del distacco*, edición de M. Vannini, Le Lettere, Florencia 2018; *I sermoni latini*, edición de M. Vannini, Le Lettere, Florencia 2019; *Il nulla divino*, edición de M. Vannini, Lorenzo de' Medici Press, Florencia 2019; *Istruzioni spirituali*, edición de M. Di Monte, Monasterium, Noventa Padovana (PD) 2019.

Moltmann, J., *El Dios crucificado,* Sígueme, Salamanca 1977[2]*; Nella fine l'inizio. Una piccola teologia della speranza*, Queriniana, Brescia 2019 (orig. 2004).

Morotti, G., *Il sufismo. Una risposta all'odierna sete di spiritualità*, La Parola, Roma 2017.

Müntzer, T., *Obras alemanas. Tratados y sermones,* Trotta, Madrid 2001.

Nouwen, H. J. M., *Ho ascoltato il silenzio. Diario da un monastero trappista*, Queriniana, Brescia 2008[14] (orig. 1976).

Osho, *La mente che mente. Commenti al Dhammapada di Gautama il Buddha*, Feltrinelli, Milán 2006; *Tantra. La comprensione suprema*, Bompiani- Giunti, Milán-Florencia 2019[2] (orig. 1975).

Plotino, *Enéadas*, Losada, Barcelona 2018.

Recalcati, M., *Il mistero delle cose. Nove ritratti di artisti*, Feltrinelli, Milán 2016.

Rinpoche, S., *El libro tibetano de la vida y la muerte,* Urano, Barcelona 2015 (orig. 1992).

Silvano del Monte, Athos, *Nostalgia di Dio. Tutti gli scritti*, edición de A. Mainardi, Qiqajon, Magnano (bi) 2011.

Tronti, A., *... E rimanendo lasciati trasformare*, Servitium, Milán 2014 (orig. 2002).

Vannini, M., *Lessico mistico. Le parole della saggezza*, Le Lettere, Milán 2013; *Beati pauperes spiritu. Attualità di Meister Eckart*, Lindau, Turín 2022.

Vannucci, G., *Invito alla preghiera*, Libreria Editrice Fiorentina, Florencia 1979; *Dentro il Mistero*, Appunti di Viaggio, Roma 2013 (orig. 1999).

Watts, A., *Taoísmo*, Kairós, Barcelona 2011.

Weil, S., *A la espera de Dios,* Trotta, Barcelona 2009[5] (orig. 1950); *L'ombra e la grazia*, Bompiani, Milán 2009[4] (orig. 1947).

Índice

Tercera parte
JOHN MAIN Y LA MEDITACIÓN

Del mismo autor:

PADRE NUESTRO
QUE ESTÁS EN EL INFIERNO
Paolo Scquizzato - 200 páginas

¿Y si Dios, mezclándose en la aventura humana, se hubiera trasladado del cielo al infierno? ¿Y si para encontrarlo no fuera necesario mirar al cielo, sino dentro, en la parte más sucia e indecente de nosotros? ¿Y si el pecado no fuera lo que condena a la criatura a una irremediable lejanía de Dios, sino el único «lugar» para vivir el encuentro con Él? Deshojando el Evangelio, nos surge una pregunta: ¿y si fuese así?

MEJOR AÚN EN SILENCIO
La oración cristiana
Paolo Scquizzato - 120 páginas

El autor de este espléndido libro sobre la oración nos dice que la oración es acogida, disponibilidad a la luz que, gratuita e inmerecidamente, ilumina y está presente en cada persona, y que podrá emerger hasta irradiar a todo el ser humano iluminándolo. Es la semilla divina que nosotros los cristianos hemos aprendido a llamar espíritu.

Y POR ÚLTIMO VENDRÁ LA MUERTE… ¿Y DESPUÉS?

Reflexiones sobre la vida y el más allá

Paolo Scquizzato - 128 páginas

¿Qué hay después de la muerte? ¿Con qué cuerpo resucitaremos? ¿Dónde están y qué hacen nuestros muertos? ¿Existe el paraíso y el infierno? ¿Qué es la «vida eterna»? ¿Al final de todo habrá un juicio? ¿Qué podemos decir de la reencarnación? E incluso: ¿Es lícita la dispersión de las cenizas?

ELOGIO DE LA VIDA IMPERFECTA

El camino de la fragilidad

Paolo Scquizzato - 98 páginas

En este sorprendente libro se afirma que es fundamental llegar a comprender la importancia –en nosotros y en nuestras relaciones– de la presencia de los límites, de las heridas, de las zonas de sombra.

LA PREGUNTA Y EL VIAJE
a propósito de la vida espiritual
Paolo Scquizzato - 104 páginas

La persona espiritual está atenta a lo que le sucede dentro y alrededor, y se niega a vivir como un simple espectador, para convertirse en protagonista de su propia historia cotidiana.

QUÉ OJOS TAN GRANDES TIENES.
Los cuentos y el Evangelio
Paolo Scquizzato - 136 páginas

Vivir una vida espiritual significa ser marcados por la tensión hacia un más, siendo capaces de vaciar el yo de todo lo superfluo. El mundo de los cuentos y la Buena noticia de Jesús de Nazaret enseñan que, bajo aquella parte de nosotros que nos da miedo, se oculta un gran potencial: el camino de liberación del Evangelio y de los cuentos.